EIN EHRENWIRTH · BERATUNGSBUCH ·

Dietmar Friedmann

Der andere

Sich verstehen und wertschätzen

Band 1

Die vier Charakterstrukturen
Menschenkenntnis und Persönlichkeitsdiagnostik
auf transaktions- und psychoanalytischer
Grundlage

Ehrenwirth Beratungsbuch

CIP-Titelaufnahme der Deutschen Bibliothek

Friedmann, Dietmar:
Der Andere: sich verstehen und wertschätzen / Dietmar Friedmann. –
München: Ehrenwirth, 1990
(Ehrenwirth Beratungsbuch)
ISBN 3-431-03122-6

ISBN 3-431-03122-6

Umschlag: Bernd und Christel Kaselow, München
Gesamtherstellung: Friedrich Pustet, Regensburg
Printed in Germany 1990

Inhalt

Einleitung

Der Umgang mit Menschen macht einen guten Teil unseres Lebens aus, privat mit dem Lebenspartner, mit unseren Kindern, Freunden und Verwandten, beruflich mit Mitarbeitern und Kollegen, Kunden oder Klienten, Schülern, Studenten oder Patienten. Unsere Arbeitszufriedenheit und unsere beruflichen Erfolge, unser persönliches Wohlbefinden und Glück hängen sehr davon ab, wie uns dies gelingt. Verstehen wir die anderen in ihrer Andersartigkeit, gehen wir angemessen auf sie ein und mit ihnen um? Dazu brauchte es Menschenkenntnis, sei es aus Intuition und Erfahrung, sei es durch Information und Wissen. Denn was man nicht weiß, sieht man nicht und kann man nicht umsetzen.

Blickt ein Ingenieur auf eine Konstruktionszeichnung, so kann er sich sofort ein Bild machen, was sie darstellt, z.B. einen Teil einer Brücke oder eines Motors. Für einen Laien besteht die gleiche Zeichnung aus nichtssagenden Linien und Zahlen. Ähnliches gilt für Menschenkenntnis. Sie ermöglicht uns, den anderen so zu sehen, wie er ist. Darüber hinaus hilft sie, ihn in seiner Andersartigkeit zu verstehen, gerne zu haben und wertzuschätzen. Doch viele Menschen fühlen sich unverstanden, zuwenig gemocht und zuwenig wertgeschätzt. Woran liegt das?

Meßgeräte nehmen nur ganz bestimmte Dinge wahr, z.B. die Temperatur oder die Geschwindigkeit. Alles andere existiert für sie nicht. Ähnlich funktioniert unsere Wahrnehmung. Ohne Menschenkenntnis ist für uns vieles beim anderen nichtssagend. Wir sehen es einfach nicht. Dann neigen wir dazu, den anderen an unseren eigenen Erfahrungen, Bedürfnissen und Wertmaßstäben zu messen. Wir sehen ihn nicht mit seinen Augen in seiner Welt, sondern uns in ihm. Dann erscheint er entweder als minderwertigeres Abbild unserer selbst oder als idealisiertes Vorbild. In beiden Fällen werden wir der lebendigen Wirklichkeit und dem Reichtum seines Andersseins nicht gerecht. Das führt zu Mißverständnissen, Enttäuschungen und Verletzungen.

Erlebt und verhält sich jemand anders als wir selbst, so fehlt uns dafür oft die Wahrnehmung. Wir schenken dem keine Beachtung und Bedeutung. Oder es erscheint uns merkwürdig und fremd. Vielleicht tun wir es dann ab als eine Eigentümlichkeit von ihm, als eine persönliche Marotte. Und doch kann gerade das, was wir beim anderen nicht wahrnehmen oder worüber wir lächeln, spotten oder uns ärgern, für ihn besonders wichtig und wertvoll sein. Oft steht es in direktem Zusammenhang mit seinem unbewußten Wertesystem und seiner Persönlichkeitsentwicklung.

Hier werden vier Persönlichkeitsstrukturen beschrieben,
der kontrolliert-dynamische **Beziehungstyp 1,**

der ruhig-legere **Sachtyp,**
der ordentlich-kraftvolle **Handlungstyp** und
der liebenswürdig-lebendige **Beziehungstyp 2.**

Daß sich die Vielfalt menschlicher Persönlichkeiten auf vier oder drei Grundstrukturen reduzieren läßt, ist keine willkürliche Vereinfachung. Es hängt zusammen mit immanenten Gesetzmäßigkeiten unserer ontischen Wirklichkeit, den drei eigengesetzlichen Lebensbereichen **Beziehung, Erkennen** und **Handeln**[1]. So kann man die Persönlichkeitstypen in einem ersten Zugriff so verstehen, daß sich die beiden **Beziehungstypen** spezialisiert haben auf die Themen Kontaktfähigkeit und Kontaktfreudigkeit, der **Sachtyp** auf die Sinne und das Denken und der **Handlungstyp** auf das Wollen und Handeln.

Diese Persönlichkeitsstrukturen gehen zurück auf ein bekanntes und empirisch gut abgesichertes Diagnostikmodell im therapeutischen Bereich sowie auf neuere Erkenntnisse aus der humanistischen Psychologie[2]. Neu daran ist, daß hier die gesunde Persönlichkeit im Mittelpunkt steht[3]. Neu ist auch, daß die Persönlichkeit als ein Prozeß gesehen wird, ein Prozeß, der positiv und negativ verlaufen kann und mehr ist als nur ein Mischungsverhältnis aus Eigenschaften.

Die interessantesten Neuentdeckungen dabei sind, daß es persönlichkeitsspezifische Sprachen und Wertesysteme gibt. Ist einem das bewußt geworden, so stellt man mit Bestürzung fest, wie oft man am anderen vorbeigedacht und vorbeigeredet hat. Die fruchtbarste Neuentdeckung jedoch ist die der sogenannten Schlüsselfähigkeiten. Wenn es um die eigene Persönlichkeitsentwicklung, um die Förderung von Mitarbeitern, um Motivation und Problemlösung, um Pädagogik oder stützende Therapie geht, ist die Aktivierung der jeweiligen Schlüsselfähigkeiten der wirksame Ansatzpunkt. Sie sind typspezifisch und beim einzelnen mehr oder weniger entwickelt. Hier geht es darum, den Liebenswürdigen klüger, den Klugen tüchtiger und den Tüchtigen menschlicher zu machen.

Dieses Buch ist in populärwissenschaftlichem Stil geschrieben. Dabei soll nicht nur bekanntes Wissen weitergegeben werden, sondern neue, wegweisende Erkenntnisse zu einer praxisrelevanten Menschenkenntnis. Neben einem besseren Verstehen des anderen ermöglichen diese Erkennt-

1 Den drei Lebensbereichen entsprechen die drei Ich-Zustände, und sie wiederum prägen die Persönlichkeitsstrukturen; ausführlicher dazu in Band 2.

2 Grundlagen dieses Modells sind die Charakterstrukturen von SCHULTZ-HENCKE und RIEMANN, das Egogramm und C. STEINERS Skriptarten aus der Transaktionsanalyse, Berührungspunkte gibt es zu SCHIRMS Struktogramm und LÜSCHERS 4-Farben-Mensch; ausführlicher dazu in Band 2.

3 Die Diagnostikmodelle von SCHULTZ-HENCKE und RIEMANN wurden aus dem Erfahrungsbereich der Psychiatrie und Psychotherapie entwickelt. Deshalb mußten auch die Bezeichnungen der Strukturtypen geändert werden; ausführlicher dazu in Band 2.

nisse Formen der Kommunikation, der Motivation und der Anerkennung, die den anderen wirklich erreichen. Sie sind hilfreich im Zusammenleben, in der Pädagogik, Psychotherapie und der Führung von Mitarbeitern.

Vorbild ist mir dabei die amerikanische sozialwissenschaftliche Literatur, die vom Stil her leicht lesbar ist, dabei von der Sache her jedoch Hand und Fuß haben kann. Wer an Hintergrundinformationen und wissenschaftlichen Querverweisen interessiert ist, findet dazu mehr in den Anmerkungen und den Kapiteln »Grundlagen der Persönlichkeitsdiagnostik« und »Die Eigengesetzlichkeit der drei Lebensbereiche und ihre psychologischen Entsprechungen« in Band 2.

Die meisten, die erste Informationen über dieses Diagnostikmodell erhalten, sind daran interessiert, es genauer kennenzulernen. Sie versprechen sich davon Erkenntnisse über sich selbst. Und sie sehen darin die Chance, andere besser verstehen und führen zu können. Doch einzelne begegnen einem derartigen Diagnostikmodell mit Mißtrauen und Vorbehalten. Das wäre nicht weiter verwunderlich, wenn diese letzteren nicht fast immer dem gleichen Persönlichkeitstyp angehörten.

Offensichtlich reagieren Menschen von diesem Strukturtyp besonders sensibel auf Gefahren, die in einem solchen Diagnostikmodell tatsächlich oder vermeintlich vorhanden sind. Vielleicht spüren sie auch deutlicher als andere, daß sie hier mit einem Denken konfrontiert werden, das ihre bisherigen Ansichten über die Menschen und die Welt erschüttert. Einer drückte es so aus: »Anfangs war es für mich wie ein Kulturschock, zu hören, daß die Menschen so verschieden sein sollen. Ich hatte bisher gelernt, sie seien alle gleich.«

Eine Stärke dieses Strukturtyps ist die nonverbale Kommunikation, das gefühlsmäßige Reagieren auf die Körpersprache. Auch dies könnte ein Grund für seine Skepsis sein gegenüber einer Menschenkenntnis, die allein von Wissen und Sprache ausgeht. Doch »ein Gutes ist nicht wider ein anderes«. Er wird bald herausfinden, daß dieses neue Wissen ihm nichts wegnimmt von seiner besonderen Begabung für Körperausdruck und intuitives Einfühlungsvermögen. Wenn das Wissen stimmt, wird es von der Intuition bestätigt, vertieft sie und macht sie sicherer.

Ein anderer Grund für anfängliches Mißtrauen könnte darin liegen, daß sich dieser Strukturtyp schützen möchte gegen seine Anfälligkeit für Ideologien. Diese sind Theorien über die Wirklichkeit, die für Wirklichkeit gehalten und deshalb nicht mehr an ihr überprüft werden. Das ist so, als würde die Brille mit dem Gesicht verwachsen. Dieses Verwechseln von »Wissen über die Wirklichkeit« mit der Wirklichkeit selbst ist ein subtiler und schwer zu durchschauender Vorgang, weil uns die Wirklichkeit fast nie direkt zugänglich ist, sondern sich uns über Begriffe und Theorien erschließt.

Deshalb vergleiche ich dieses Diagnostikmodell mit einer Landkarte. Niemand wird eine Landkarte mit der Landschaft verwechseln. Jene ist nicht mehr als eine Orientierungshilfe, um sich in der Landschaft besser zurechtzufinden. Ähnliches gilt für ein Diagnostikmodell. Es beschreibt menschliche Wirklichkeit, zeichnet sie nach, kann sie verdeutlichen, ist aber nicht diese Wirklichkeit selbst. Wenn man von ihm Gebrauch macht, sollte man sich des Modellcharakters bewußt bleiben. Deshalb sollte man strenggenommen nicht sagen »Das ist ein **Beziehungstyp**«, sondern »Dieser Mensch wird durch das Modell **Beziehungstyp** in vielen Charakterzügen zutreffend beschrieben.«

Ich habe dieses Diagnostikmodell zunächst unabhängig von den verwandten Modellen von SCHULTZ-HENCKE, RIEMANN, C. STEINER oder SCHIRM entwickelt, und zwar ausgehend vom Drama-Dreieck STEPHEN KARPMANS (siehe S. 34 f.). Meine Vermutung war, daß es bei den Rollen des Drama-Dreiecks (Retter, Opfer, Verfolger) persönlichkeitstypische Einstiege, Vermeidungen und Endstationen gibt (siehe Spielanalyse S. 83 f.). Damit stellen sich die Persönlichkeitsstrukturen als Prozesse dar.

Eine Aufgabe dieser Veröffentlichungen ist, das klassische Diagnostikmodell von SCHULTZ-HENCKE, RIEMANN u.a. für die gesunde Persönlichkeit zu erschließen, eine andere, es in der Sprache der Transaktionsanalyse zu beschreiben. Dieses Buch will eine Brücke schlagen zwischen Psychoanalyse und Humanistischer Psychologie. Auf der anderen Seite wird damit die Transaktionsanalyse BERNES u.a. persönlichkeitsdiagnostisch aufgearbeitet.

Die drei Ich-Zustände von BERNE (Eltern-, Erwachsenen- und Kind-Ich) entsprechen den drei eigengesetzlichen Lebensbereichen, die wir erfahren im **Handeln, Erkennen** und Sich-in-**Beziehung**-Setzen. In Fortbildung und Training haben sich die Bezeichnungen **Handlungs-Ich, Erkenntnis-Ich** und **Beziehungs-Ich** bewährt, da sie die Funktionen der Ich-Zustände deutlicher beschreiben.

Handlungs-Ich (H) = **Eltern-Ich** (EL)
Erkenntnis-Ich (E) = **Erwachsenen-Ich** (ER)
Beziehungs-Ich (B) = **Kind-Ich** (K)

Im Text benütze ich die Bezeichnungen Handlungs-, Erkenntnis- und Beziehungs-Ich weitgehend bedeutungsgleich mit den herkömmlichen Bezeichnungen, in den Graphiken zum leichteren Verständnis beide Abkürzungen H/EL, E/ER, B/K.

Teil I

Menschenkenntnis und Persönlichkeitsdiagnostik

1. Menschen sind unterschiedlicher und ähnlicher

Im Umgang mit anderen Menschen setzen wir meist voraus, daß sie ähnlich erleben und reagieren wie wir selbst. Wir sprechen mit ihnen in unserer Sprache. Wollen wir sie überzeugen oder anerkennen, so wählen wir Worte und Sätze, die uns selbst ansprechen. Wollen wir sie verletzen, so sagen wir in unserer Wut Dinge, die uns selbst weh tun. Sind wir ihnen wohlgesonnen, so behandeln wir sie so, wie wir es selbst gerne hätten, daß man uns behandelt.

Wir unterstellen ihnen unsere eigene Art. Wir vermuten bei ihnen die gleichen Fähigkeiten, Tugenden und Stärken. Und wir kritisieren bei ihnen die eigenen Schwächen. Wir vermuten, daß sie Ähnliches wie wir selbst wertschätzen oder ablehnen, erhoffen oder befürchten. Paßt jemand nicht in dieses Schema unserer unbewußten Erwartungen, so erleben wir dies bei ihm als einen Mangel. Er ist dann eben noch nicht so klug, so tüchtig oder so überzeugend wie wir selbst. Bei einigem Optimismus werden wir ihm zugestehen, daß er es doch noch schaffen wird, so zu werden, wie wir sind.

Doch immer wieder müssen wir fast verwundert feststellen, daß andere Menschen nachdrücklich und mit großer Ausdauer anders reagieren als wir selbst. Ja, daß sie sich noch nicht einmal die Mühe machen, sich unseren Vorstellungen anzunähern. Wir müssen leider feststellen, daß sie sich auf eine uns etwas naiv erscheinende Art hartnäckig weigern, unseren Maßstäben gerecht zu werden. Und etwas verärgert und erstaunt müssen wir zur Kenntnis nehmen, daß sie damit auch nicht viel schlechter im Leben zurechtkommen als wir selbst.

Ein großer Teil unserer Lebenserfahrungen sind Variationen zu dem Thema, daß Menschen sich anders verhalten, als wir es erwartet haben. Aus diesem immer wieder neuen, oft schmerzlichen Erleben, daß andere anders sind als wir selbst, erwächst aber so lange keine wirkliche Menschenkenntnis, solange wir nicht wissen, auf welche Weise sie anders oder worin sie uns ähnlich sind. Denn um aus Erfahrungen zu lernen, braucht es ein Wissen, das diese Erfahrungen verstehbar macht.

Um andere Menschen in ihrer Eigenart wahrzunehmen, um zu sehen, wie sie wirklich sind, um zu verstehen, warum sie sich so verhalten, wie sie dies tun, brauchen wir Menschenkenntnis. Und wir brauchen dieses Wissen erst recht, wenn es darum geht, aktiv mit Menschen umzugehen, sei es beruflich oder privat. Wir brauchen es, um ihnen zuhören, ihnen entsprechen, sie erreichen, sie überzeugen zu können. Kompetenz im Umgang mit Menschen erfordert, daß wir die Wesensart des anderen, auch wenn sie uns wesensfremd ist, in unser kommunikatives Handeln einbeziehen. Wollen wir mit anderen Menschen zurechtkommen, so müssen wir lernen, uns auf die Persönlichkeit des anderen einzustellen und ihr gerecht zu werden.

Wenn man anfängt, diagnostisch zu arbeiten, macht man zwei interessante Entdeckungen. Die eine ist die, daß Menschen viel unterschiedlicher sind, als man bisher angenommen hat. Dazu gehört auch die Erkenntnis, daß diese Unterschiede gut sind - daß sie keineswegs angeglichen und eingeebnet werden sollen. Die zweite Entdeckung ist, daß Menschen erstaunlich ähnlich sein können. Sie sind sehr verschieden oder sehr ähnlich, je nachdem, ob sie unterschiedlichen oder gleichen Persönlichkeitsstrukturen angehören. Doch wenn man von sich auf andere schließt, übersieht man diese Unterschiede, und wenn man sich zu sehr von Äußerlichkeiten beeindrucken läßt, bemerkt man nicht die Übereinstimmungen.

Menschenkenntnis kann aus einer wissenschaftlichen Zielsetzung heraus betrieben werden als Erkenntnis um der Erkenntnis willen. Hier steht sie im Dienste praktischer Zielsetzungen. Zunächst geht es darum, den anderen so zu sehen, wie er ist. Schon dies erfordert ein neues Wissen, das die Augen und Ohren öffnet für den Reichtum menschlicher Vielfalt und individueller Eigenart. Das diagnostische Wissen wird durch neue Erfahrungen zunächst bestätigt, dann erweitert und vertieft. Denn dieses Diagnostikmodell teilt nicht willkürlich ein, sondern beschreibt vorhandene und beobachtbare menschliche Wirklichkeiten.

Der zweite Schritt ist die Anwendung dieses Wissens. Damit das, was ich sage, beim anderen auch wirklich ankommt, muß ich seine Sprache sprechen und seinem Wertesystem entsprechen können. Beides, Sprache und Wertesystem, ist persönlichkeitstypisch. Mit diesem Wissen ist es möglich, im Gespräch den anderen viel besser zu verstehen und ihn auch wirklich zu erreichen. Denn was jemand sagt, ist nie zufällig, sondern Satz für Satz zugleich individuell und persönlichkeitstypisch.

Weitere Anwendungsschwerpunkte sind die Entwicklung der eigenen Persönlichkeit und die Unterstützung der Persönlichkeitsentwicklung des anderen. Das alte Versprechen der humanistischen Psychologie, die Persönlichkeit des einzelnen in ihrer Entwicklung zu fördern und zu unterstützen, kann durch dieses genauere, persönlichkeitsspezifische Wissen zuverlässig eingelöst werden. Diesen wirksamen Ansatzpunkt finden wir bei den Schlüsselfähigkeiten.

2. Die vier Persönlichkeitstypen – erste Annäherung

Jeder von uns verfügt über intuitive Menschenkenntnis und nützt sie im alltäglichen Umgang mit anderen. Dazu gehört die Erfahrung, daß Menschen, die ähnlich sind in ihrem Verhalten, oft auch ganz ähnlich sind in ihrer Wesensart, in ihrer Sprache, in den Problemen, mit denen sie es zu tun haben und die sie sich schaffen, in ihren Zielsetzungen und Werten. Doch die intuitive Menschenkenntnis kann auch täuschen. Dann neigen wir dazu, von uns auf andere zu schließen.

Die Anwendung eigener Maßstäbe auf andere verleiht zwar ein Gefühl der Treffsicherheit, man meint, man könne den anderen durchschauen. Aber dieses Gefühl täuscht. Jemand, der kompetent mit anderen Menschen umgehen möchte, muß wissen und lernen, daß er andere *nicht* durchschauen *kann.* Statt dessen wird er genau beobachten und sich gründlich informieren. Andererseits brauchen wir mit unserer Menschenkenntnis nicht bei Null anzufangen. Ein stimmiges Diagnostikmodell kann wesentlich dazu beitragen, sich selbst und andere deutlicher zu sehen.

Schon früh meinte man in der Vielfalt menschlicher Charaktere bestimmte Ordnungen zu erkennen. Dabei stellt sich die Frage: Entspringen diese Unterscheidungen einfach einem Ordnungssinn, dem Bedürfnis einzuteilen, oder gibt es diese Strukturen wirklich? Manche Grenzziehungen wie »introvertiert/extravertiert« sind sicher willkürlich. Deshalb hat man zu Recht gespottet: »Der Patient ist introvertiert, wenn er ruhiger, und extravertiert, wenn er lebhafter ist als der Therapeut.«[1]

Ich gehe davon aus, daß die hier beschriebenen Persönlichkeitsstrukturen wirklich, das heißt uns vorgegeben sind. Daraus folgt, daß sie schon von anderen vor mir beschrieben wurden und daß die Erforschung dieser Strukturtypen fortgesetzt werden wird. Wer mit diesem Diagnostikmodell arbeitet, wird die Realität der beschriebenen Persönlichkeitsstrukturen be-

1 So sind alle Maßeinheiten in der Physik *definiert,* das heißt willkürlich festgelegt. Sie sind nicht von der Natur vorgegeben. Ein Meter könnte kürzer oder länger sein als die jetzige Maßeinheit, ein Kilogramm schwerer oder leichter. Der Vorteil dieser Festlegungen ist, daß sie sich genau wiederholen und messen lassen. Es sind die empirischen oder naturwissenschaftlichen Methoden der Forschung, die sich dieser Maße bedienen. Die vorgegebenen Strukturen unserer menschlichen Wirklichkeit lassen sich eher verstehen und beschreiben als messen. Um ihrem »Untersuchungsgegenstand« gerecht zu werden, haben deshalb die Sozial- und Geisteswissenschaften eigene wissenschaftliche Methoden entwickelt. Diese geisteswissenschaftliche Methode des »Verstehens« wurde in den letzten Jahrzehnten zum Schaden ihrer Forschungsbereiche eher vernachlässigt. Für den Bereich der Selbsterfahrung müssen nochmals andere Methoden angewandt werden. Während schon die geisteswissenschaftliche Methode des »Verstehens« erfordert, daß ich mich auf den Gegenstand des Erkennens einlasse, sind hier die Ansprüche an die Objektivität meines subjektiven Erkennens noch größer. Z.B. die Qualität eines Kunstwerkes zu erkennen erfordert neben »handwerklichem«, also Fachwissen eine Sicherheit des Geschmackes, die zu tun hat mit der Qualität des eigenen Denkens und Lebens, der Entwicklung der Persönlichkeit.

stätigt finden. Für ihre Realität spricht auch, daß unterschiedliche Forschungsansätze zu ähnlichen Ergebnissen gekommen sind[1].

Je nach Thema unterscheide ich manchmal vier, manchmal drei Persönlichkeitsstrukturen[2], je nachdem, ob der **Beziehungstyp** mehr oder weniger differenziert betrachtet wird. Dabei steht die *gesunde* Persönlichkeit im Vordergrund. Nach dem Lebensbereich und Lebensthema, die ihre Ausgangspersönlichkeit geprägt haben, nenne ich sie:

den kontrolliert-dynamischen **Beziehungstyp 1,**
den ruhig-legeren **Sachtyp,**
den ordentlich-kraftvollen **Handlungstyp,**
den liebenswürdig-lebendigen **Beziehungstyp 2.**

Diese Bezeichnungen beschreiben die noch wenig entwickelten Ausgangspersönlichkeiten, die noch weitgehend von ihrem Persönlichkeitsbereich geprägt werden. Denn sie unterstellen, daß der **Beziehungstyp** vor allem beziehungs- und gefühlsmäßig reagiert, der **Sachtyp** vorwiegend sachlich und erkenntnisorientiert und der **Handlungstyp** handelnd und erfahrungsbezogen. Diese Bezeichnungen werden auch beibehalten für die entwickelten Persönlichkeiten, obwohl für diese die nachfolgenden Lebensthemen einen immer größeren Stellenwert gewinnen. Diese sind für den **Beziehungstyp** das **Erkennen**, den **Sachtyp** das **Handeln** und den **Handlungstyp** die **Beziehung.**

Deshalb wird eine entwickelte Persönlichkeit, die sich nur von den Benennungen **Beziehungs-, Sach-** oder **Handlungstyp** leiten läßt, sich leicht falsch einordnen. Der entwickelte **Beziehungstyp** wird sich eher als **Sach-**

1 Ich will hier nur die nennen, die zugleich Grundlagen dieses Modells sind: das weithin bekannte und auch empirisch abgesicherte psychoanalytische Diagnostikmodell von Schultz-Hencke und Riemann, der wiederum auf Freud zurückgeht, die transaktionsanalytischen Modelle der Ich-Zustände von Berne, die Skriptarten von C. Steiner, das Egogramm von Dusay, das Drama-Dreieck von Karpman und das Miniskript von Kahler sowie ein von mir entwickeltes ontologisches Modell von der Eigengesetzlichkeit der drei Lebensbereiche **Beziehung, Erkennen** und **Handeln** (Dissertation, 1976).

2 Ein Problem ergab sich daraus, daß Schultz-Hencke und Riemann vier Strukturtypen beschreiben, während die Transaktionsanalyse und auch ich von drei eigengesetzlichen Strukturen ausgehen. Die Lösung liegt darin, daß zwei der vier Strukturtypen verwandt sind, daß sie die gleiche Persönlichkeitsstruktur beschreiben, allerdings geprägt durch verschiedene Lebensphasen, die »schizoide« durch die ersten Lebenswochen und -monate, die »hysterische« durch das vierte und fünfte Lebensjahr. Beide Lebensphasen werden in unterschiedlicher Weise bestimmt durch das Thema Beziehung. (Grundsätzlich wäre es möglich, auch die beiden anderen Strukturtypen zu differenzieren, abhängig davon, daß die jeweilige Persönlichkeit eher von der frühkindlichen Phase bis zum dritten Lebensjahr geprägt worden ist oder in der entsprechend darauf folgenden Entwicklungsphase.)
Interessant in dem Zusammenhang ist, daß schon Freud von drei Charaktertypen ausging, die er dem Es, Ich oder Über-Ich zuordnete: »Je nach der vorwiegenden Unterbringung der Libido in den seelischen Strukturen Es, Ich oder Über-Ich unterscheidet er die drei libidinösen Haupttypen: den erotischen, den narzißtischen und den Zwangstypus. Beim erotischen Typus stehen die Triebansprüche des Es im Vordergrund, beim narzißtischen Typus die Selbsterhaltungstendenzen des Ichs, und der Zwangstypus steht unter der Vorherrschaft des Über-Ichs.« (Seibt, 1977, S. 15)

oder **Handlungstyp** sehen, der **Sachtyp** als **Handlungs-** oder **Beziehungstyp** und der **Handlungstyp** als **Beziehungs-** oder **Sachtyp.** Das heißt, sie werden sich nicht, wie dies vorgesehen ist, nach ihrem Persönlichkeitsbereich dem Diagnostikmodell zuordnen, sondern nach ihrem Entwicklungs- oder Zielbereich.

Für die Beibehaltung der Benennung nach der Ausgangspersönlichkeit spricht einmal das Argument, daß dies so üblich ist. Damit bleibt dieses Diagnostikmodell mit anderen Modellen kompatibel. Der Leser hat den Vorteil, daß er sich deren Erkenntnisse nutzbar machen kann. Ein besseres Argument ist, daß das, was wir von früh an gelernt haben, so prägend ist, daß es auch durch die entwickelte Persönlichkeit hindurchscheint. Das heißt, andere werden immer mehr unsere Ausgangspersönlichkeit sehen als wir selbst, das, was wir einmal waren und, ohne uns dessen immer bewußt zu sein, über weite Strecken auch heute noch sind, gewohnheitsmäßig und intuitiv.

Das heißt, der **Beziehungstyp** hat eine ausgesprochene Begabung für nonverbale oder verbale Kommunikation, ein intuitives Gespür für das, was gefühlsmäßig geschieht, kann andere bezaubern und für sich gewinnen und hat häufig ein schauspielerisches Talent. **Sachtypen** können in der Regel differenziert denken, erkennen sehr rasch Zusammenhänge, können, wenn sie wollen, gut beobachten und zuhören und sind häufig ruhig, gelassen und entspannt. Und **Handlungstypen** sind tüchtig in praktischen Tätigkeiten, ordentlich, zuverlässig und willenskräftig.

Die beiden Adjektive

»kontrolliert-dynamisch« für den **Beziehungstyp 1,**
»ruhig-leger« für den **Sachtyp,**
»ordentlich-kraftvoll« für den **Handlungstyp** und
»liebenswürdig-lebendig« für den **Beziehungstyp 2**

sollen so etwas sein wie erste Erkennungsmerkmale.

Beim **Beziehungstyp 1** hat das Kontrolliertsein etwas zu tun mit »Wie wirke ich vorteilhaft auf andere?« und mit »Die Fäden in der Hand halten!«, das Dynamische mit emotionaler Spontaneität und mit Ehrgeiz. Das Ruhige und Legere beim **Sachtyp** resultiert aus einer entspannten, nachdenklichen Haltung, die eher zum Sich-gehen- oder -durchhängen-Lassen neigt, aber auch daraus, daß er aus der Defensive kommt. Manchmal wirkt er sehr gutmütig, oft hat er aber auch etwas Vorwurfsvoll-Rebellisches in seiner Stimme und Haltung.

Das Ordentliche und Kraftvolle gibt dem **Handlungstyp** einen etwas konservativ-autoritativen Charakter. Er wirkt zuverlässig und verläßlich, aber auch etwas kantig und unbeweglich. Er spricht gerne mit erhobenem Zeigefinger, setzt sich ein für Recht, Ordnung und Moral. Das Liebenswürdige und Lebendige des **Beziehungstyps 2** ist durchaus verwandt mit dem Kontrolliert-Dynamischen des **Beziehungstyps 1**, nur jetzt nach außen gewandt, mit Neigung zu starken, dramatischen Wirkungen.

Solche Beschreibungen haben im einzelnen eine Trefferquote von etwa 70%. Deshalb ist es notwendig, gleichzeitig mehrere Aspekte im Auge bzw. im Bewußtsein zu haben. In der ersten Diagnose wird man zweckmäßig von den drei Grundtypen **Beziehungstyp, Sachtyp** und **Handlungstyp** ausgehen. Meist kann man dann rasch einen Typ ausschließen. »Das ist mit Sicherheit kein . . .**typ.**« Dann kann man anhand der Checkliste den Strukturtyp bestimmen.

	Beziehungstyp	**Sachtyp**	**Handlungstyp**
Gesamteindruck	kontrolliert-dynamisch (BT1) liebenswürdig-lebendig (BT2)	sinnend, ruhig, leger	solide, ordentlich, kraftvoll
Haltung	aufrecht, gestreckt	entspannt, locker	tatkräftig, respektierend
Gang	elegant, gewandt steht beweglich	lässig, schlendernd steht unruhig	kräftig, geradezu steht fest
Kleidung	modisch, geschmackvoll	bequem, praktisch	konservativ, solide
Stimme	hell, klar, melodisch	tief, leise, monoton	kräftig, deutlich, bestimmend
Gesichtsausdruck	angespannt, lebendig, lächelt gewinnend	ernst, indifferent, lächelt verschmitzt	energisch, rechtschaffen, lacht herzlich
Sprache	kontaktfähig-analytisch	anschaulich-energetisch	bestimmend-kollegial
Wertesystem	erkenntnisgeleitet	erfolgsgeleitet	sympathiegeleitet
Beziehungsverhalten	braucht Freiräume, emotional, konfliktfreudig, dominierend	ausgleichend, sachlich, konfliktscheu rebellisch	kameradschaftlich, hilfsbereit, konfliktfähig, einschränkend
Spiele	Retter- und Machtspiele	Opfer- und Zuwendungsspiele	Verfolger- und Sicherheitsspiele
Ziele	Souveränität statt Dominanz	Autonomie statt Rebellion	Identität statt Identifikation

Elf-Punkte-Checkliste zur Persönlichkeitsdiagnostik

Der **Beziehungstyp** hat eine aufrechte, gestreckte Haltung. Sein Gang und seine Bewegungen wirken elegant und gewandt. Die Körperhaltung des **Sachtyps** ist entspannt, sein Gang und seine Bewegungen locker und eher nachlässig. Während sich der **Beziehungstyp** anmutig und rasch bewegt, wirken die Bewegungen des **Sachtyps** langsam und etwas unbeholfen. Er schlendert gemächlich dahin, leicht auf und ab wiegend. Die Körperhaltung des **Handlungstyps** ist aufrecht bis leicht nach vorne geneigt. Sie drückt Tatkraft aus oder, bei einer Begrüßung, Ehrbezeugungen. Sein Gang ist kräftig. Er geht geradeaus, ohne nach rechts oder links zu sehen.

Die Kleidung des **Beziehungstyps 1** ist elegant, mit Pfiff, gelegentlich modisch exklusiv und gewagt, die des **Beziehungstyps 2** geschmackvoll, lebendig und eher auf breitere Zustimmung bedacht. Der **Sachtyp** kleidet sich bequem, sportlich und praktisch. Der **Handlungstyp** legt Wert auf Qualität. Er kleidet sich konservativ, gelegentlich in der Landestracht. In der Brillenmode wird der **Beziehungstyp** Modelle bevorzugen, die modisch und intelligent wirken, der **Sachtyp** solche, die einen sportlichen und etwas kraftvollen Eindruck machen, und der **Handlungstyp** Modelle, die solide Qualität ausdrücken mit einer Tendenz zum Freundlichen, Wohlwollenden und Spielerischen.

Die Stimme des **Beziehungstyps** klingt hell, klar und melodisch. Sein Gesichtsausdruck ist lächelnd, gewinnend oder verführerisch. Sein Humor ist witzig und gewagt. Der **Sachtyp** spricht meist mit tiefer Stimme, eher leise, ruhig und monoton. Sein Gesichtsausdruck ist indifferent oder ernst. Eher selten lächelt er verschmitzt. Er hat einen trockenen, hintergründigen Humor, der nicht immer von allen als solcher verstanden wird. Der **Handlungstyp** spricht mit kräftiger Stimme, bestimmend und belehrend. Sein Gesichtsausdruck ist gewichtig, sein Lachen herzlich. Er hat einen liebevollen Humor.

Die Sprache des **Beziehungstyps** ist kontaktfähig bzw. -freudig und analytisch. Er spricht informierend und stellt häufig informierende Fragen. Er benützt gerne dramatisierende Worte wie »toll«, »phantastisch« sowie Worte, die auf das Denken und Erkennen verweisen wie »interessant«, »gute Idee«, »Strategie«. Die Sprache des **Sachtyps** ist anschaulich und energetisch. In seinen Ausführungen ergeht er sich oft in epischer Breite, wobei der Zuhörer häufig die Geduld oder er selbst den Faden verliert. Er spricht gerne in anschaulichen Bildern, z.B. »ins Schleudern kommen« und benützt Worte, die aufs Handeln hinzielen wie »anpacken«, »fachmännisch«, »Erfolg«.

Der **Handlungstyp** neigt dazu, andere an- oder zurechtzuweisen. Seine Sprache ist bestimmend-kollegial. Er berichtet sehr detailliert. Man spürt das Bedürfnis durch, keinen Fehler zu machen, sich gegen Kritik abzusichern, Ordnung in eine Angelegenheit zu bringen. Er drückt sich einfach und handfest aus, oft in Schwarzweißmalerei. Die zwischenmenschlichen Beziehungen, oft in einer hierarchischen Ordnung, gewinnen bei der reifen Persönlichkeit zunehmend an Bedeutung. Dabei benützt er häufig Worte wie »wir«, »gemeinsam«, »das Wohl der . . .«, »helfen«, »alle«.

Das unbewußte Wertesystem des **Beziehungstyps** ist erkenntnisgeleitet. Sich informieren, denken und erkennen stehen bei ihm in hohem Ansehen. Er möchte selbst für intelligent gelten. Für dumm gehalten zu werden ist für ihn die größte Kränkung. Dieses erkenntnisgeleitete Wertesystem schließt nicht aus, daß er gelegentlich mit diesem Thema Probleme hat. Gerade dann sollte man sich hüten, ihn dies spüren zu lassen. Sich konzentriert auf Sinneswahrnehmungen einzulassen und sich zu entspannen tut dem **Beziehungstyp** besonders gut.

Das unbewußte Wertesystem des **Sachtyps** ist erfolgsgeleitet. Kraftvoll und entschlossen eine Sache anzupacken und erfolgreich durchzuführen ist ganz in seinem Sinne. Daß ihm dies auch immer wieder schwerfällt, daß er die innere Leitung und die Verantwortung an andere abgibt, steht dazu nur scheinbar im Widerspruch. Er möchte für seine Tüchtigkeit anerkannt werden. Als Versager hingestellt zu werden ist für ihn äußerst kränkend. Ihm tut es besonders gut, seine Führungsqualitäten und seine Willenskraft zu entwickeln.

Das unbewußte Wertesystem des **Handlungstyps** ist sympathiegeleitet. Wenn die zwischenmenschliche Ebene stimmt, so kann man gut mit ihm zurechtkommen. Ist sie nachhaltig gestört, so wird eine Zusammenarbeit oder das Zusammenleben mit ihm äußerst schwierig. Er möchte als liebenswert und menschlich gesehen werden. Dies macht er anderen manchmal schwer durch sein kantiges, etwas autoritäres Wesen, hinter dem man nur schwer seine gefühlsmäßige Sensibilität vermutet. Spricht man ihm seine zwischenmenschlichen Anliegen ab, erlebt er dies als sehr verletzend. Für ihn kommt es darauf an, bei sich Spontaneität, Lebens- und Arbeitsfreude zu fördern.

In ihrem Beziehungsverhalten möchten sich **Beziehungstyp 1** und **2** nicht eingeschränkt fühlen. Beide brauchen Möglichkeiten der Selbstbesinnung, der Ruhe und Entspannung, um wieder zu sich selbst zu finden. In seiner beruflichen Tätigkeit ist der **Beziehungstyp** weniger konfliktbereit als im Privatleben. Der **Sachtyp** ist in Beziehungen ausgleichend und harmoniebedürftig. Er ist eher konfliktscheu, außer wenn es um Erkenntnisse geht. Seine gutmütige Nachgiebigkeit kann gelegentlich in cholerische Überreaktionen umschlagen. Der **Handlungstyp** ist in seinem Beziehungsverhalten kameradschaftlich. Er braucht einen stimmigen Rahmen, wird beispielsweise die Ehe einer freien Partnerschaft vorziehen. Der **Handlungstyp** ist im Beruf konfliktbereiter als im Privatleben.

Der **Beziehungstyp** neigt zu einer übertriebenen Hilfsbereitschaft, dem

Retten. Er meint, entweder alles selbst machen oder es anderen recht machen zu müssen. Darin liegt die Gefahr, daß er andere verwöhnt und von sich abhängig macht. Besonders anfällig ist dafür der **Sachtyp,** dem dies auch besonders schlecht bekommt: der **Sachtyp** hat eine Tendenz zur Opferrolle. Er erlebt sich als zu abhängig von anderen Menschen oder von Umständen, macht sich Sorgen, grübelt angestrengt nach, statt die Initiative zu ergreifen. Der **Handlungstyp** neigt zu einer selbstgerechten Verfolgerhaltung. Seine unüberprüfte Grundhaltung ist, daß er selbst recht hat und die anderen unrecht haben. Er plädiert für Ordnung, Sauberkeit und strenge Strafen.

Der Gesamteindruck des **Beziehungstyps** ist lebendig, beweglich und kontaktfreudig, manchmal freilich auch kühl und etwas arrogant. Meist kann er sehr gewinnend sein und kommt gut an bei anderen. Der **Sachtyp** wirkt etwas zurückhaltend, sinnend und gelassen. Manchmal wirkt er unsicher und unbeholfen. Seine umgängliche Art wirkt harmonisch und ausgleichend. Der **Handlungstyp** macht einen fürsorglichen, verläßlichen und rechtschaffenen Eindruck. Manchmal wirkt er etwas autoritär. Seine kollegiale und humorvolle Art macht ihn angenehm im Umgang mit anderen.

3. Von der Ausgangspersönlichkeit zur entwickelten Persönlichkeit

Ein entscheidender Schritt auf dem Weg zu einer praxisrelevanten Persönlichkeitsdiagnostik ist die Erkenntnis, daß eine Persönlichkeitsstruktur nichts Statisches, daß sie kein konstantes Mischungsverhältnis aus bestimmten Eigenschaften ist. Solche statischen Diagnostikmodelle haben zwar den Vorteil, in der Theorie einfach und plausibel zu sein. Doch für die Praxis bringen sie nicht viel. Sie können nur das beschreiben, was man ohnehin schon weiß, haben aber keinen prognostischen Aussagewert.

Hier wird die Persönlichkeit als ein Prozeß verstanden, als eine bestimmte Abfolge des Energieflusses. Um diesen Prozeß, der die Persönlichkeit ausmacht, beschreiben zu können, unterscheiden wir im Menschen drei Bereiche:

den Persönlichkeitsbereich,
den Entwicklungsbereich und
den Zielbereich.

Der **Persönlichkeitsbereich** beinhaltet jene Fähigkeiten, die wir schon aus der Kindheit mitbringen und die einen deutlichen Schwerpunkt unserer Persönlichkeit bilden. Er bestimmt das Erscheinungsbild der Ausgangspersönlichkeit. Wenn der Volksmund von einem Gefühlsmenschen, einem Verstandesmenschen oder einem Macher spricht, sind damit meist die Eigenschaften des Persönlichkeitsbereiches gemeint. Diese frühen Prägungen bleiben vorherrschend für den Eindruck, den eine Persönlichkeit auf andere macht. Denn das, was wir schon als Kind gelernt haben, beherrschen wir ganz besonders gut.

Es sind entweder die Fähigkeiten des Bereiches **Beziehung.** Dann sprechen wir vom **Beziehungstyp,** einem zumeist liebenswürdigen und kontaktfreudigen Menschen. Es gibt freilich auch den Typus des eher zurückhaltenden und distanziert wirkenden **Beziehungstyps 1,** der seine Liebenswürdigkeit nur dann zeigt, wenn er sich sehr vertraut fühlt oder wenn er sie bewußt einsetzt, um bei anderen gut anzukommen.

Oder es sind die Fähigkeiten des Bereichs **Erkennen.** Diese Persönlichkeit, die sich früh aufs Wahrnehmen und Denken spezialisiert hat, nennen wir **Sachtyp.** Es ist ein überwiegend vernünftiger, ruhiger und ausgleichender Mensch.

Oder jemand ist besonders geprägt von den Fähigkeiten des Bereiches **Handeln.** Dies ist der **Handlungstyp.** Er ist willensstark, gewissenhaft, tüchtig in praktischen Angelegenheiten, fleißig, verantwortungsbewußt und fürsorglich. Der Persönlichkeitsbereich ist der Ausgangspunkt des Energieflusses, der die Gesamtpersönlichkeit ausmacht.

Der **Entwicklungsbereich** ist bei fast allen Menschen in der Entwicklung der eigenen Persönlichkeit zu kurz gekommen. Er ist etwa im gleichen Verhältnis unterdimensioniert, wie der Persönlichkeitsbereich überdimensioniert ausgebildet ist. Doch gerade hier, in diesem defizitären Bereich, liegen die Schlüsselfähigkeiten. Es ist wie im Märchen, wo das Vergessene, Mißachtete und Geringgeschätzte zur Quelle des Glücks und Segens wird. Sie, die Schlüsselfähigkeiten, führen zur entwickelten, mehrdimensionalen Persönlichkeit, die nicht nur in einem, sondern in allen drei Lebensbereichen zu Hause ist, den Bereichen **Beziehung, Erkennen** und **Handeln.**

Jemand, der keinen Zugang zu seinen Schlüsselfähigkeiten hat, lebt eingeschränkt wie unter dem Fluch einer bösen Fee. Er hat in seiner Kindheit gelernt, allen Lebenssituationen mit immer dem gleichen Verhalten zu begegnen. Entweder er meint, er müsse ständig mißtrauisch, auf der Hut sein und kämpfen oder er müsse immer und zu jedermann freundlich und liebenswürdig sein. Andere fühlen sich dazu verdammt, ununterbrochen angestrengt nachdenken zu müssen. Und wieder andere müssen ständig arbeiten, müssen immer überaus gründlich und fleißig sein, als gäbe es nichts anderes im Leben.

Neben dieser eindimensionalen Persönlichkeit, die in ihrer schlichten Einfältigkeit schon etwas archaische Züge trägt, findet man heute häufiger die zweidimensionale Persönlichkeit. Sie übergeht ihren Entwicklungsbereich und wechselt vom Persönlichkeitsbereich direkt in den **Zielbereich.** Daraus entstehen ihr eine Reihe von Nachteilen. Da sie ihre Schlüsselfähigkeiten vernachlässigt, kommt sie mit dem entsprechenden Lebensbereich schlecht zurecht. Sie hat Techniken entwickelt, sich die Qualitäten ihres Entwicklungsbereiches auf manipulative Weise bei anderen zu holen. Statt selbst zu denken, läßt sie dies andere für sich tun. Statt selbst Entscheidungen zu treffen und Verantwortung zu übernehmen, läßt sie über sich bestimmen. Und statt selbst zu fühlen, delegiert sie auch dies an andere.

Die Qualität des Zielbereiches ist davon abhängig, ob die Schlüsselfähigkeiten des Entwicklungsbereiches mit einfließen oder nicht. Geht jemand z.B. direkt vom Fühlen zum Handeln über und vernachlässigt das Sich-Informieren und genaue Analysieren der Fakten, so ist sein Handeln wenig fundiert und trägt irrationale Züge. Wechselt jemand vom Denken direkt ins Fühlen und übergeht er dabei seine Fähigkeiten wie wollen, Verantwortung übernehmen und fürsorglich zu sein, so wird er in ein Abhängigkeitsverhältnis geraten. Sein Beziehungsverhalten zeigt resignative und depressive Züge. Oder springt jemand direkt vom Handeln ins Denken und übergeht dabei die Gefühle, so wird sein Denken ohne Mitgefühl sein.

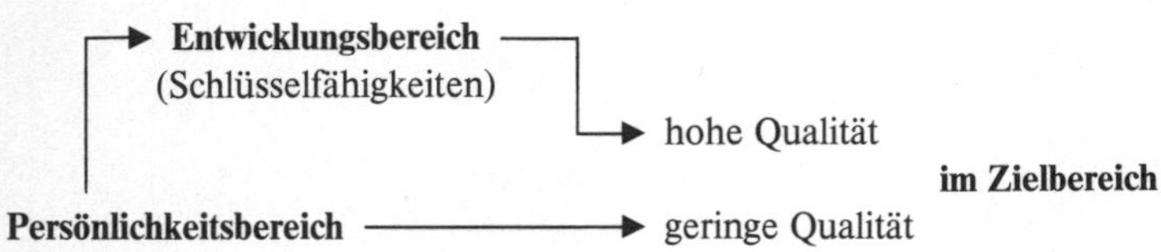

Ein Beispiel ist der liebenswürdige **Beziehungstyp:** Er ist »von Natur aus« herzlich, gewinnend und lebendig, hat aber wenig Zutrauen zu seiner Fähigkeit, Zusammenhänge differenziert zu durchdenken. So folgt er

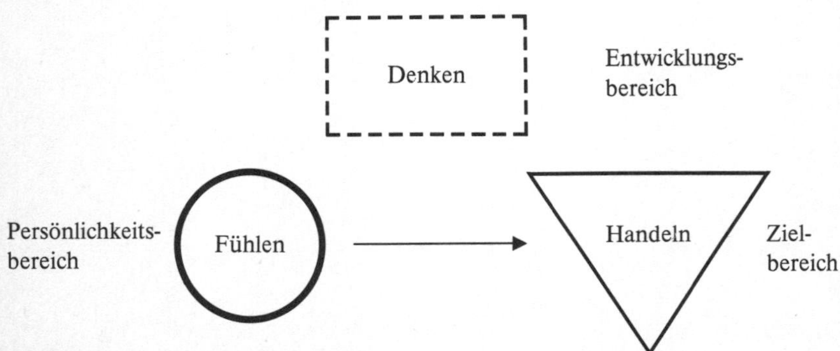

Der zweidimensionale **Beziehungstyp**

lieber seinem Gefühl. Diese Gewohnheit, vom Fühlen direkt zum Handeln überzugehen, führt bei ihm oft zu unüberlegten Entscheidungen, zu Inkonsequenz und dadurch schließlich zu Enttäuschungen bei jenen, die mit ihm zu tun haben. Da er es in seiner gefühlsmäßig spontanen Art vielen recht machen will, überfordert er sich selbst.

Jemand, der als nachdenklicher **Sachtyp** klug, gut informiert und verständnisvoll ist, der aber schwer dazu zu bewegen ist, eine Entscheidung zu treffen und dann zu ihr zu stehen und die Verantwortung dafür zu übernehmen, wird, statt zu handeln, lieber weiterhin die Situation analysieren, das Für und Wider abwägen und sich über mißliche Umstände beklagen. Da er nicht weiß, was er will, oder sich nicht dafür einsetzt, wird er auch nicht bekommen, was er sich wünscht. Er geht vom Denken direkt ins Fühlen und vernachlässigt das Wollen und Handeln. Dadurch werden sein Beziehungsverhalten und sein Gefühlsleben eher von negativen Qualitäten bestimmt, von Sorgen und Unzufriedenheit.

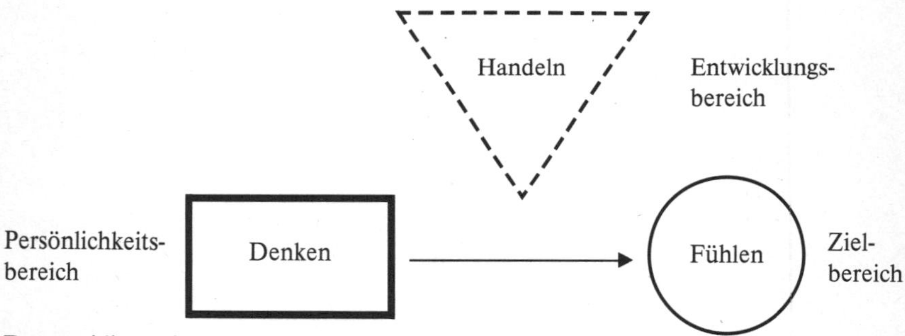

Der zweidimensionale **Sachtyp**

Schließlich ein tatkräftiger **Handlungstyp**, jemand, der selbstsicher und bestimmend auftritt, der zu wissen glaubt, was er will, sich dabei aber zu sehr von Vorurteilen leiten läßt, zu unbeweglich ist und zu sehr festhält an dem, wie man es schon immer gemacht hat, geht vom Handeln direkt ins Denken. Dadurch fehlt seinem Denken Spontaneität, Aufgeschlossenheit und Menschlichkeit. Es hat einen rigiden und unerbittlichen Zug, und es ist wenig schöpferisch.

Ziel ist die entwickelte Persönlichkeit, die ihre Schlüsselfähigkeiten nützt und in ihrem Entwicklungsbereich zu Hause ist. Sie ist der ein- und zweidimensionalen Persönlichkeit deutlich überlegen, denn sie gewinnt zweifach dazu, im Entwicklungs- und im Zielbereich. So wird der Liebenswürdige nicht nur klüger, er erreicht auch echte Souveränität im Handeln.

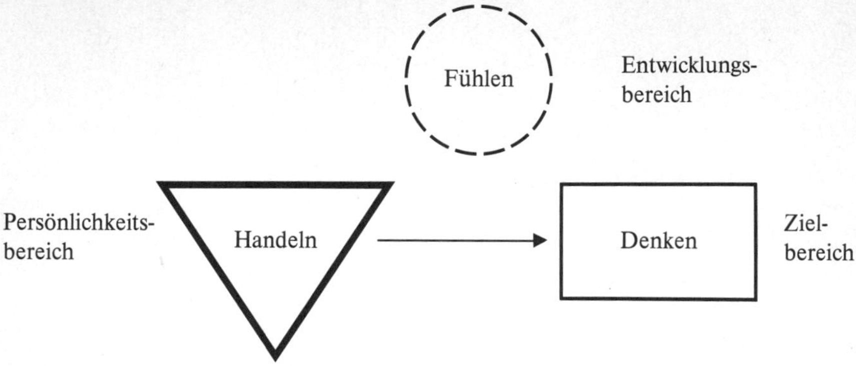

Der zweidimensionale **Handlungstyp**

Der Kluge wird tüchtig und autonom in seinem Beziehungsverhalten. Und der Tüchtige wird menschlicher und gewinnt an Identität.

Die »Entwicklungsaufgabe« besteht nun darin, diese Schlüsselfähigkeiten bei sich oder bei anderen zu aktivieren und zu fördern. Der erste Schritt dazu ist, sie bei sich selbst zu realisieren. Denn von der eigenen entwickelten Persönlichkeit gehen motivierende und entwicklungsfördernde Impulse aus, die von den anderen ständig aufgenommen werden. Sie beeinflussen günstig das Zusammenleben und die Zusammenarbeit. Und sie unterstützen auf eine natürliche Weise den anderen in seiner Persönlichkeitsentwicklung. Der zweite Schritt ist, beim anderen dessen Schlüsselfähigkeiten gezielt anzusprechen und zu verstärken. Dazu gilt es, die Sprache des anderen, die Sprache seiner Schlüsselfähigkeiten zu sprechen.

Liegen beispielsweise die Schlüsselfähigkeiten eines Schülers im Bereich **Erkennen,** so wird man sein Interesse, seine Beobachtungsgabe und sein Denken ansprechen. Dazu ist beispielsweise die im Führungstraining häufig geübte Fragetechnik geeignet, die genaues Sich-Informieren und alternatives Denken fördert. Sind die Schlüsselfähigkeiten eines Mitarbeiters im Bereich **Handeln** zu finden, so kommt es darauf an, sein Wollen, seine Verantwortungsbereitschaft und eine aktive, handlungs- und erfolgsorientierte Haltung in ihm zu unterstützen. Hat man es mit einer Patientin zu tun, deren Schlüsselfähigkeiten die des Bereichs **Beziehung** sind, so geht es vor allem darum, im Umgang mit ihr Gefühle und zwischenmenschliche Aspekte wahrzunehmen und zu verstärken.

Da die Schlüsselfähigkeiten je nach Strukturtyp verschieden sind, kommen wir um eine sichere Menschenkenntnis, um das Erkennen der jeweiligen Persönlichkeitsstruktur des anderen nicht herum. Damit werden angeblich allgemeingültige pädagogische Ratschläge, Führungstechniken oder therapeutische Methoden recht zweifelhaft. Ihre Trefferquote ist gering. Sie sind mit Arzneien vergleichbar, die gegen alle Krankheiten helfen sollen. Solche Wundermittel wurden zwar immer wieder mit großen Versprechungen angeboten, doch haben sie meist mehr den Ärzten als den Kranken genützt.

Was sind nun diese Schlüsselfähigkeiten? Sie werden leicht übersehen, weil sie zunächst viel unauffälliger sind als die ins Auge fallenden Stärken und Schwächen einer Person. Die augenfälligen Stärken liegen im Persönlichkeitsbereich, etwa die Kontaktfähigkeit des **Beziehungstyps,** die Klugheit des **Sachtyps** und die Tüchtigkeit des **Handlungstyps.** Die auffallenden Schwächen zeigen sich im Zielbereich. Hier sind es die Macht- und Retterspiele des **Beziehungstyps** in seinem Zielbereich **Handeln,** die Opferspiele des **Sachtyps** in dessen Zielbereich **Beziehung** und die Verfolgerspiele des **Handlungstyps** in seinem Zielbereich **Erkennen.**

Die gewinnende Liebenswürdigkeit des **Beziehungstyps** ist ebenso eindrucksvoll wie seine gelegentlich aggressiven Auseinandersetzungen mit anderen, bei denen die Fetzen fliegen können. Die Intelligenz und Findigkeit des **Sachtyps** ist ebenso auffallend wie seine gelegentlichen Neigungen, sich selbst in Schwierigkeiten zu bringen. Und die Verläßlichkeit und Hilfsbereitschaft des **Handlungstyps** ist ebenso beeindruckend wie seine gelegentliche Unbeweglichkeit und Strenge. Daß darüber das, woran es fehlt, nämlich an den Schlüsselfähigkeiten, kaum beachtet und vergessen wurde, ist nicht weiter verwunderlich.

In der Arbeit mit Menschen, in Führungstrainings, aber auch in der Pädagogik und der Psychotherapie hat man sich bislang hauptsächlich mit den auffallenden Schwächen und Stärken einer Person beschäftigt. Und man hat dabei, fixiert auf die Lösung von Problemen und Schwierigkeiten und verführt von den scheinbaren Tugenden, meist den wirksamsten Ansatzpunkt übersehen: die Entwicklung der Schlüsselfähigkeiten. Deshalb blieb auch Persönlichkeitsentwicklung bisher mehr Wunschdenken als Realität. Und deshalb sind Pädagogik und Psychotherapie über weite Strecken mühsam und frustrierend und noch weit davon entfernt, ihre Möglichkeiten voll auszuschöpfen.

Die Aktivierung der Schlüsselfähigkeiten erfordert, daß man seine Aufmerksamkeit auf etwas lenkt, das zunächst nur gelegentlich und undeutlich sichtbar wird. Dies erfordert Wissen, Geduld, Vertrauen und Konzentration. Man ist in der Situation eines Anglers oder Jägers, der auf seine Beute lauert. Sobald die Schlüsselfähigkeiten in Erscheinung treten, gilt es, sie durch deutliche, positive Zuwendung zu verstärken, nach der Devise: »Catch him being good!« – »Erwische ihn, wenn er gut ist!« Dazu einige Beispiele aus der Praxis:

Herr S (**Sachtyp**) ist der Technische Leiter eines Industrieunternehmens. Er ist ein ausgezeichneter Fachmann. Als Mensch wirkt er ruhig, gelassen und objektiv. Er selbst jedoch erlebt sich oft bedrückt, ängstlich, manchmal unruhig oder wütend. Davon bekommt seine Umgebung allerdings wenig mit. Er ist damit unzufrieden, daß er nicht die Anerkennung bekommt, die er zu verdienen meint, daß es ihm schwerfällt, sich durchzusetzen, und daß er, wie er meint, immer wieder ungerechtfertigte Kritik einstecken muß.

Herr S sucht seine Probleme dadurch zu lösen, daß er seine Situation wieder und wieder durchdenkt, und dadurch, daß er Hilfe, Anerkennung und Unterstützung von anderen erwartet. Doch beides hilft ihm nicht weiter. Das Analysieren macht ihn unzufriedener, die Erwartungshaltung anderen gegenüber führt immer wieder zu Enttäuschungen. Das heißt, die Lösung seiner Probleme ist weder in seinem Persönlichkeitsbereich **Erkennen** noch in seinem Zielbereich **Beziehung** zu finden: seine Schlüsselfähigkeiten sind das kraftvolle Wollen und Handeln. Sie würden ihm dazu verhelfen, klarer, bestimmter und entschiedener aufzutreten, mehr zu überzeugen, besser für sich und andere zu sorgen. Da sie bei ihm noch wenig entwickelt sind, wirkt er etwas unsicher, zurückgenommen und kraftlos. Darunter leidet auch seine Führungstätigkeit. Die Mitarbeiter sind zu sehr sich selbst überlassen, werden zuwenig gefordert und gefördert. Daß er sich in seinem Selbstwertgefühl von anderen abhängig macht, lädt manche dazu ein, ihm »eins drauf zu geben«, ihn fertigzumachen.

Für Herrn S käme es darauf an, seine Schlüsselfähigkeiten Wollen und Handeln zu aktivieren und zu trainieren. In seiner Position kann er wenig Unterstützung von anderen erwarten. Er ist selbst gefordert. Dies beginnt damit, daß er seine »innere Leitung« nicht mehr an andere abgibt, an seine Sekretärin, an tüchtige Mitarbeiter oder die Umstände. Er muß sich selbst zuständig fühlen und diese »innere Führung« übernehmen. Dadurch wird er sich selbst dynamischer und kraftvoller fühlen. Auch seine Ausstrahlung den Mitarbeitern gegenüber wird eine andere sein. Sie spüren, daß er seine Position ausfüllt und seiner Aufgabe gewachsen ist. Sie sind dann weder versucht, ihn zu »retten«, noch, auf ihm herumzuhacken.

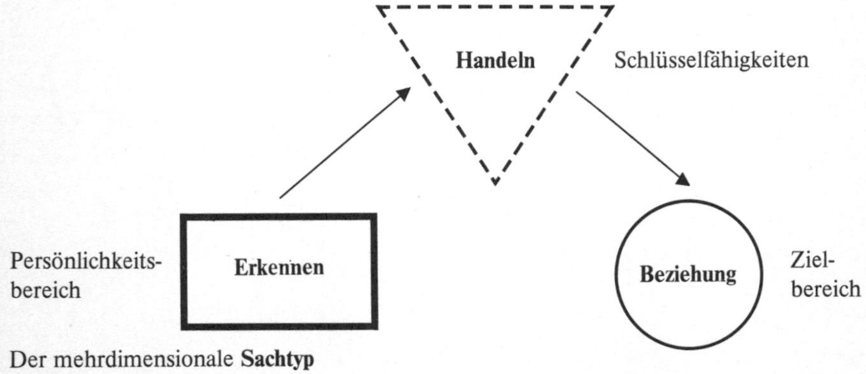

Der mehrdimensionale **Sachtyp**

Nehmen wir ein zweites Beispiel: Frau H (**Handlungstyp**) leitet die Ausbildung der überwiegend weiblichen Lehrlinge in einem Warenhaus. Sie ist außerordentlich gewissenhaft und zuverlässig und verfügt über viel Erfahrung. Wenn sie gut gelaunt ist, ist sie eine recht angenehme Vorgesetzte. Doch an anderen Tagen sind ihr Führungsstil und ihr Umgang mit den Lehrlingen und Mitarbeiterinnen geprägt von Mißtrauen, scharfer Kritik und kleinlichem Beharren auf Regeln und Vorschriften. Sie fühlen sich ungerechtfertigt gemaßregelt, eingeengt und bevormundet. Zwischen ihnen und Frau H entsteht eine zunehmend feindselige Spannung.

Frau H sucht die Probleme dadurch zu lösen, daß sie noch fleißiger und gewissenhafter arbeitet, sich auf ihre Erfahrung beruft und daran ihre Lehrlinge mißt. Darüber hinaus identifiziert sie sich noch mehr mit ihrer Position und der daraus abgeleiteten Weisungsbefugnis. Sie verhält sich zunehmend autoritär. Aufkommende Kritik wehrt sie ab. Auch sie meint, die Lösung der Probleme im Persönlichkeits- und Zielbereich finden zu können.

Die Schlüsselfähigkeiten von Frau H sind das Fühlen und das Beziehungsverhalten. Hätte sie diese mehr entwickelt, würde sie einfühlsamer umgehen mit den Auszubildenden und Mitarbeiterinnen, weniger einschränkend und autoritär. Sie würde sich großzügiger und wohlwollender verhalten und selbst mehr Lebens- und Arbeitsfreude ausstrahlen. Von ihrer Tüchtigkeit würde sie nichts einbüßen, doch sie würde menschlicher werden. Dadurch würde auch sie selbst mehr Zuwendung erhalten. Doch so verdirbt sie sich selbst ihre Freude an der Arbeit und bringt sich um den Lohn ihrer fachlichen Tüchtigkeit.

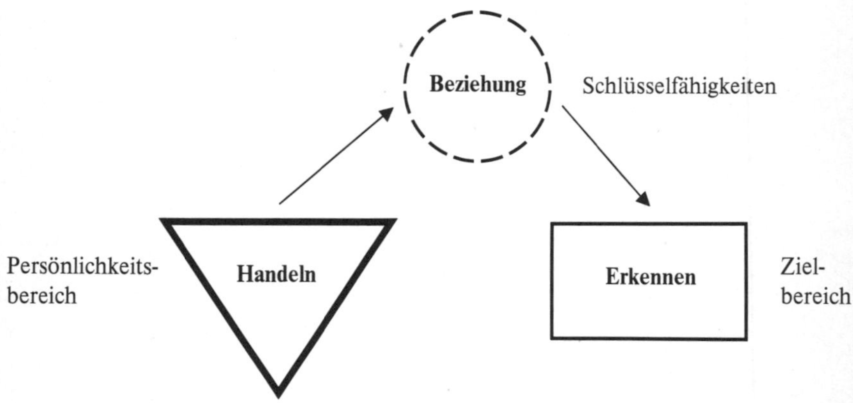

Der mehrdimensionale **Handlungstyp**

Und noch ein positives Beispiel zum Thema Schlüsselfähigkeiten: Frau B (**Beziehungstyp**) ist eine lebendige, kontaktfreudige und schlagfertige Mitarbeiterin eines kleinen Versicherungsunternehmens. Dort befand sich die Buchhaltung in einem chaotischen Zustand. Frau B erhielt das Angebot, die Leitung der Buchhaltung zu übernehmen, verbunden mit der Aufgabe, diese in Ordnung zu bringen. Innerhalb eines halben Jahres ist ihr dies gelungen. Sicher hat zu diesem Erfolg beigetragen, daß sie diese Aufgabe voller Energie und Schwung angepackt hat, aber auch ihr liebenswürdiges Auftreten und ihre Fähigkeit, mit Menschen umzugehen.

Doch sie selbst führt das Gelingen dieser Aufgabe vor allem auf die Fähigkeit zurück, die Situation zu analysieren und Strategien zu entwickeln, sie Schritt für Schritt in den Griff zu bekommen. Damit hat sie ihre Schlüsselfähigkeiten des strategischen Planens und konsequenten Umsetzens von Erkenntnissen eingesetzt.

Bei Frau B wird man sich darauf beschränken können, gerade jene Leistungen besonders hervorzuheben, die sie in der Anwendung ihrer Schlüsselfähigkeiten erbracht hat. Anerkennung für diesen Bereich wird als besonders hochwertig und motivierend erlebt. Eine wirksame Anerkennung ist auch, sie in Zukunft mit Aufgaben zu betrauen, die vergleichbare Anforderungen an ihre Schlüsselfähigkeiten stellen. Wenn eine Mitarbeiterin weiß, daß an ihr jene Fähigkeiten gesehen werden, die sie selbst besonders bei sich schätzt, wird sie sich wohl und ihrer Arbeit verbunden fühlen. Wird sie für Eigenschaften anerkannt, die aus ihrer Sicht weniger wertvoll sind, bei Frau B etwa ihre Liebenswürdigkeit oder ihre Tüchtigkeit, so kann sie das sogar als Herabwürdigung verstehen.

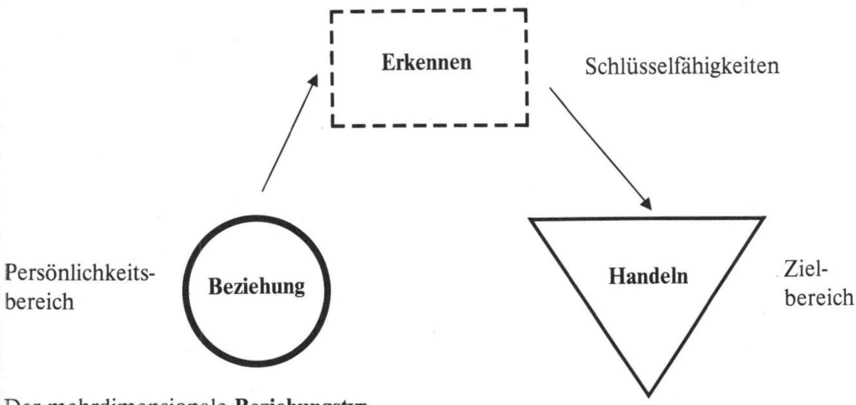

Der mehrdimensionale **Beziehungstyp**

4. Zum Guten oder Schlechten – die Persönlichkeit als Prozeß

Werden, wie in der Vergangenheit, Persönlichkeitstypen durch ihre typischen Eigenschaften beschrieben, etwa der **Beziehungstyp** als dynamisch, kontaktfreudig und etwas ichbezogen, der **Sachtyp** als nachdenklich, zurückhaltend und etwas depressiv, der **Handlungstyp** als kraftvoll, verläßlich und etwas zwanghaft, so entstehen recht statische Persönlichkeitsbilder. Daß Menschen ihre typischen Stärken und Schwächen haben und sich in beobachtbaren Zeiträumen wenig verändern, ist durchaus realistisch gesehen.

Daraus den Schluß zu ziehen, daß es zur Lebensklugheit gehört, sich mit seinen Grenzen abzufinden, erscheint folgerichtig. Doch eine Persönlichkeit ist kein konstantes Mischungsverhältnis von Fähigkeiten, sondern ein ständiger Prozeß mit der Chance, sich in jeder Minute zum Guten oder zum Schlechten zu entscheiden. Mit diesem Wissen werden Persönlichkeiten veränderungsfähig. Und der oben beschriebene Realismus erweist sich im nachhinein als Pessimismus, resultierend aus einem Mangel an Wissen.

Denn, wie schon gesagt, Persönlichkeitsstrukturen lassen sich nicht angemessen durch Eigenschaften beschreiben. Sie sind nichts Statisches, sondern Prozesse. Deshalb kommt es darauf an, den Prozeßverlauf nachzuzeichnen, der positiv oder negativ sein kann. Er ist positiv, wenn er vom Persönlichkeits- über den Entwicklungsbereich zum Zielbereich verläuft. Er ist negativ, wenn er den Entwicklungsbereich ausklammert und direkt vom Persönlichkeits- in den Zielbereich geht.

So wird die Ausgangspersönlichkeit des **Beziehungstyps** geprägt von den Bedingungen des Bereiches **Beziehung.** Der **Beziehungstyp** kann sehr gewinnend sein, aber auch kühl und abweisend. Dies ist kein Widerspruch, denn beides ist Beziehungsverhalten. Seine Schlüsselfähigkeiten liegen im Bereich **Erkennen.** Macht er von ihnen Gebrauch, so gewinnt er echte Souveränität im Handeln, ist kooperativ und kreativ.

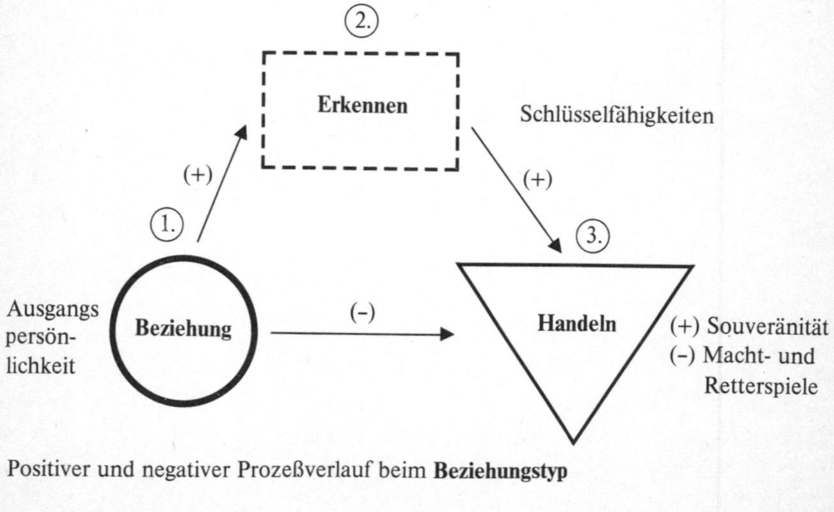

Positiver und negativer Prozeßverlauf beim **Beziehungstyp**

Übergeht er sie, so verfällt er in Retter- und Machtspiele. Das bedeutet, daß er andere dominiert und mit ihnen konkurriert. In diesen Machtspielen manövriert er sich auf Kosten anderer in eine Position der Überlegenheit hinein. Beim positiven Prozeßverlauf zeigen sich seine Qualitäten unter anderem darin, daß er entspannter und gelassener wirkt, zuhören kann, an den Erkenntnissen anderer interessiert ist und unvoreingenommen, gründlich und differenziert denkt.

Die Ausgangspersönlichkeit des **Sachtyps** wird von den Eigengesetzlichkeiten des Bereiches **Erkennen** bestimmt. Der **Sachtyp** nimmt meist eine objektive, gegenwartsorientierte, aufnehmende und nachdenkliche Haltung ein. Dadurch wirkt er meist ruhig und etwas passiv. Seine Schlüsselfähigkeiten liegen im Bereich **Handeln.** Wenn er aktiv und tatkräftig wird, sich klar darüber ist, was er will, sich geradeheraus äußert und dazu steht, gewinnt er dadurch an Autonomie.

Übergeht er jedoch seine Schlüsselfähigkeiten, so macht er sich abhängig und hilflos. Mit diesen Opferspielen erschleicht er sich Zuwendung. Die anderen machen sich Sorgen um ihn, haben Mitleid oder ärgern sich über ihn. Verläuft der Prozeß positiv und nützt der **Sachtyp** seine Schlüsselfähigkeiten, so zeigen sich seine Qualitäten in einer Mischung aus kraftvollem und fürsorglichem Handeln.

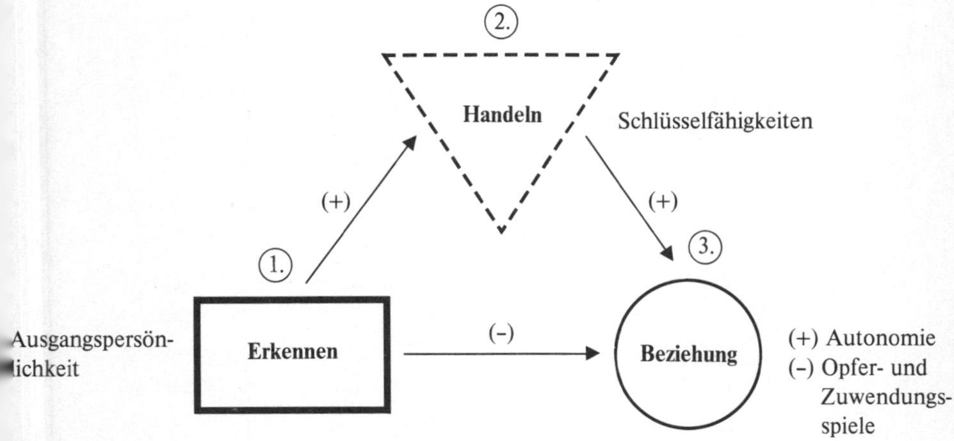

Positiver und negativer Prozeßverlauf beim **Sachtyp**

Die Ausgangspersönlichkeit des **Handlungstyps** wird geprägt von den Eigenschaften, die der Bereich **Handeln** erfordert. Der **Handlungstyp** verhält sich erfahrungsorientiert, fleißig, gewissenhaft und erledigt verantwortungsbewußt ein großes Pensum an Arbeit. Er wirkt freilich auch etwas zwanghaft und beharrend. Seine Schlüsselfähigkeiten liegen im Bereich **Beziehung.** Sie geben ihm Spontaneität und Lebendigkeit, Einfühlungsvermögen und Menschlichkeit. Seine Qualitäten zeigen sich im persönlichen Einsatz für andere Menschen oder die bedrohte Umwelt.

Übergeht er seine Schlüsselfähigkeiten, so neigt er zu Verfolgerspielen. Er mißachtet bei anderen die Erlebnisqualitäten des Bereichs **Beziehung,** verurteilt sie und nimmt für sich eine Position der Rechtschaffenheit in Anspruch, die ihm gerade dann keineswegs zusteht. Bei positivem Prozeßverlauf zeigen sich seine Führungsqualitäten darin, daß er seinen Mitarbeitern mit Wohlwollen und Verständnis begegnet. Er würzt den Alltag mit Humor und vermittelt Arbeits- und Lebensfreude.

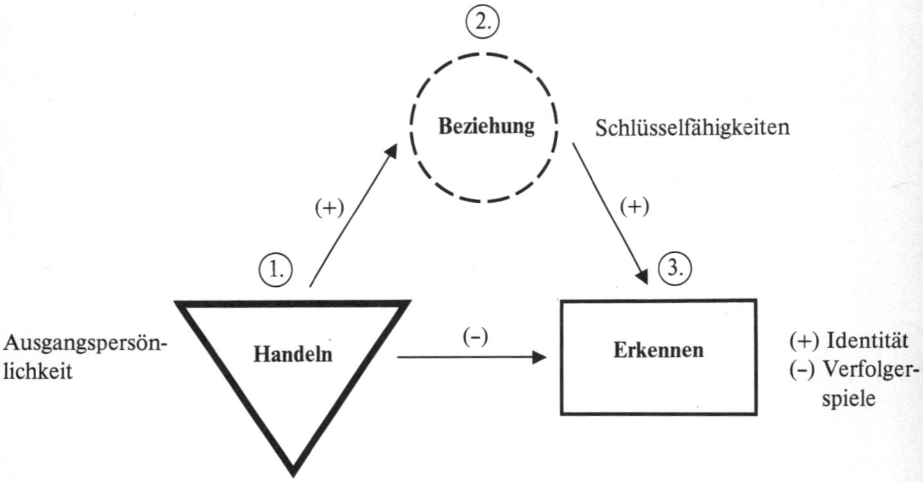

Positiver und negativer Prozeßverlauf beim **Handlungstyp**

Obwohl ich schon viele Jahre mit diesem Diagnostikmodell arbeite, bin ich selbst immer wieder überrascht über seine Aussagekraft. Nach meinen Erfahrungen wird die Individualität eines Menschen weit mehr von seinem Persönlichkeitstyp bestimmt, als er ahnt. Dieser Faktor ist nicht weniger prägend als das Geschlecht, die spätere Lebensgeschichte oder die Begabungen eines Menschen. Der Persönlichkeitstyp beeinflußt sein tägliches Verhalten, seine Sprache, die Reaktionen in Belastungssituationen, seine Stärken und Schwächen, seine Sympathien und Antipathien, und er bestimmt den Weg der Persönlichkeitsentwicklung. Da auch der unbewußte Lebensplan eines Menschen persönlichkeitstypisch ist, kann man HERAKLIT zustimmen, wenn er meint, daß das Wesen des Menschen sein Schicksal gestalte.

5. Die Entwicklung der Persönlichkeit

BERNES Entdeckung, daß der Mensch drei qualitativ verschiedene Ich-Zustände hat, das Kind-Ich, das Erwachsenen-Ich und das Eltern-Ich, gehört zu den wichtigsten Entdeckungen in der Psychologie. Dem »Ich denke, also bin ich« von DESCARTES gehören gleichberechtigt ein »Ich fühle, also bin ich« und ein »Ich will, also bin ich« zur Seite gestellt. Da diese unterschiedlichen Ichs oder Ich-Zustände erlebbar und beobachtbar sind, erscheint es angemessen, von drei Ichs zu sprechen, einem Beziehungs-Ich (Kind-Ich), einem Erkenntnis-Ich (Erwachsenen-Ich) und einem Handlungs-Ich (Eltern-Ich). Doch soll bei ihrer unzweifelhaft faktischen Unterschiedlichkeit die transzendentale Einheit dieser Ich-Zustände nicht in Frage gestellt werden: sie ermöglicht den Wechsel von einem Ich ins andere und verhindert eine Bewußtseins- oder Persönlichkeitsspaltung.

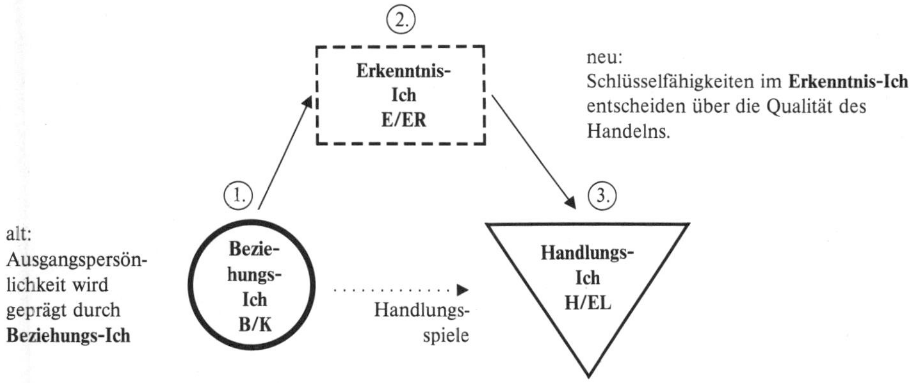

Beziehungstyp 1	Ausgangspersönlichkeit:	kontrolliert, dynamisch, gewinnend, kontaktfähig, überlegen (dominierend, manipulierend, arrogant)
	entwickelte Persönlichkeit (+ Schlüsselfähigkeiten):	interessiert, offen, realitätsbezogen, kooperativ

Ausgangspersönlichkeit und entwickelte Persönlichkeit des **Beziehungstyps 1**

So ist Frau B (**Beziehungstyp**) als Beispiel einer gut entwickelten Persönlichkeit nicht nur kommunikativ und liebenswürdig, sondern auch klug. Neben ihrem Beziehungs-Ich, das ihr schon immer zur Verfügung stand, hat sie zunehmend ihr Erkenntnis-Ich entwickelt und ausgebildet. Würde sie ihr Erkenntnis-Ich übergehen, so würde sie dies im Bereich **Handeln** zu Machtspielen und Retterspielen führen. Statt echter Souveränität würde sie nur eine Pseudosouveränität erreichen, eine Überlegenheit auf Kosten anderer.

Die Weichenstellungen zum Erfolg und zur Zufriedenheit liegen also im zweiten Schritt. Wird er versäumt, so führt dies zu Mißerfolgen und Unzufriedenheit. Wird er immer wieder gemacht, so führt dies zur Entwicklung der Persönlichkeit. Da professionelle Berater zumeist diese Erfahrung gemacht haben und machen, neigen sie dazu, ihren eigenen zweiten Schritt auch allen anderen zu verschreiben, gleichgültig, ob sie es zufällig mit der gleichen Persönlichkeitsstruktur wie sie selbst zu tun haben oder mit einer anderen. Das ergibt eine Trefferquote von eins zu zwei.

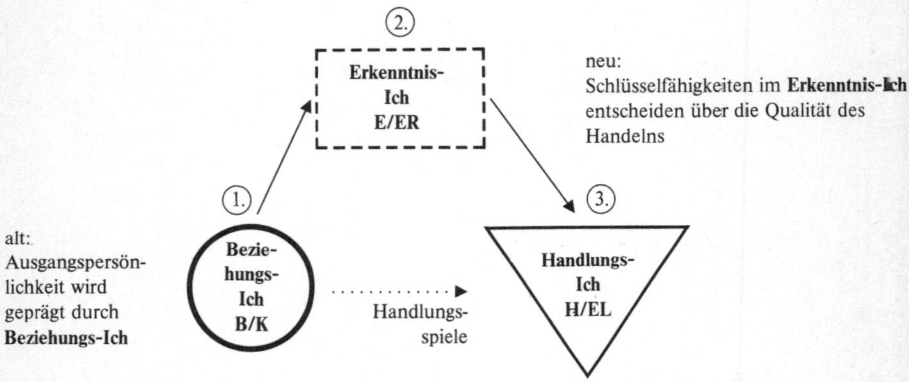

Beziehungstyp 2	Ausgangspersönlichkeit:	liebenswürdig, lebendig, kontaktfreudig, einfühlsam
		(rettend, frustrierend, abwertend)
	entwickelte Persönlichkeit (+ Schlüsselfähigkeiten):	klug, konsequent, fördernd, anerkennend, kooperativ

Ausgangspersönlichkeit und entwickelte Persönlichkeit des **Beziehungstyps 2**

Herr S (**Sachtyp**) im vorgenannten Beispiel ist zwar intelligent und sachkundig und verfügt über ein gut entwickeltes Erkenntnis-Ich, doch er ist wenig tatkräftig. Wenn er sein Handlungs-Ich entwickelt, wird er kraftvoller führen, erfolgreicher und mit sich selbst und seiner Arbeit zufriedener sein. Übergeht er jedoch seine Schlüsselfähigkeiten, dann wird er zu Opfer- und Zuwendungsspielen tendieren. Die Entwicklung des Handlungs-Ichs führt auch dazu, daß er sich unbeschwerter fühlt. Er muß sich nicht mehr so anstrengen, um eine gewisse Trägheit in sich zu überwinden. Sein Wille und seine Tatkraft stehen ihm immer häufiger wie selbstverständlich zur Verfügung.

neu:
Schlüsselfähigkeiten im **Handlungs-Ich** entscheiden über die Qualität des Beziehungsverhaltens

alt:
Ausgangspersönlichkeit wird geprägt durch **Erkenntnis-Ich**

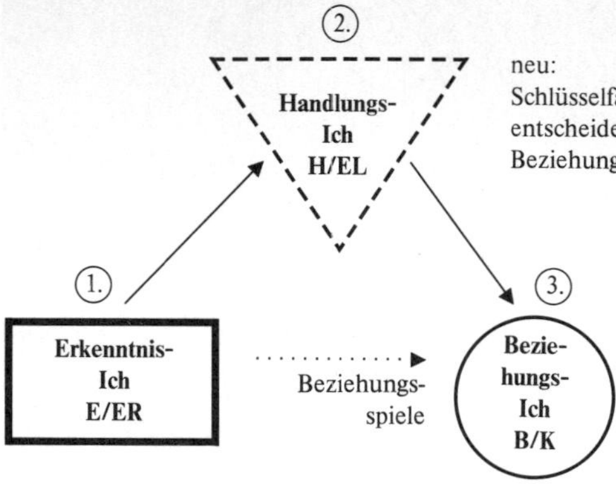

Sachtyp	Ausgangspersönlichkeit:	klug, sachkompetent, realistisch, pragmatisch, verständig, ruhig (farblos, kraftlos, unsensibel)
	entwickelte Persönlichkeit (+ Schlüsselfähigkeiten):	verantwortungsbewußt, kraftvoll, aktiv, ausdrucksvoll, fürsorglich

Ausgangspersönlichkeit und entwickelte Persönlichkeit des **Sachtyps**

Handlungstyp

neu:
Schlüsselfähigkeiten im **Beziehungs-Ich** entscheiden über die Qualität des Erkennens und der Identität

alt:
Ausgangspersönlichkeit wird geprägt durch **Handlungs-Ich**

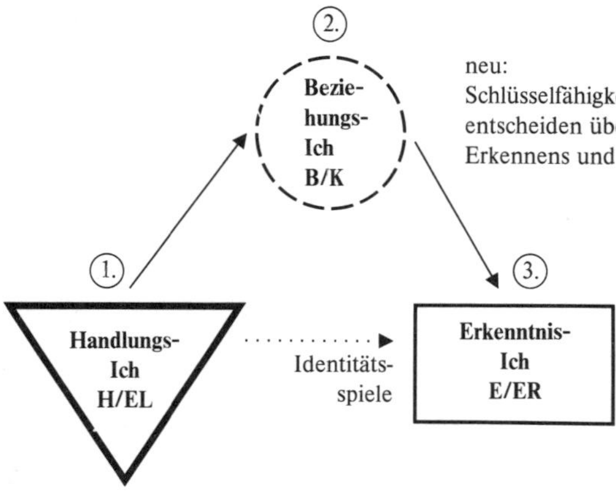

Handlungstyp	Ausgangspersönlichkeit:	verantwortungsbewußt, tüchtig, fleißig, ordentlich, fürsorglich (unbeweglich, autoritär, bürokratisch)
	entwickelte Persönlichkeit (+ Schlüsselfähigkeiten):	einfühlsam, spontan, humorvoll, kollegial, aufgeschlossen, beweglich

Ausgangspersönlichkeit und entwickelte Persönlichkeit des **Handlungstyps**

Schließlich verfügt Frau H (**Handlungstyp**) über viel Verantwortungsbewußtsein und natürliche Autorität. Sie bringt ein gut entwickeltes Handlungs-Ich mit. Doch sie macht wenig Gebrauch von ihrem Beziehungs-Ich. Der abkürzende Weg von ihrem Handlungs-Ich direkt zum Erkenntnis-Ich, also das Übergehen der Schlüsselfähigkeiten, führt zu den autoritären und bürokratischen Verfolger- und Identitätsspielen des **Handlungstyps.**

Da die Schwächen und Spielneigungen eines Menschen Folgen der nicht entfalteten Schlüsselfähigkeiten sind, hat es wenig Sinn, die Schwächen bekämpfen zu wollen, ohne die Schlüsselfähigkeiten zu entwickeln. Umgekehrt wird jemand beobachten können, daß bestimmte Schwierigkeiten, die ihm seit Jahren oder seit Jahrzehnten zu schaffen gemacht haben, einfach verschwinden, wenn er seine Schlüsselfähigkeiten entwickelt. Und er macht mit zunehmender Persönlichkeitsentwicklung die Erfahrung, wie er mit vielen Situationen besser zurechtkommt, wie er überzeugender, erfolgreicher und liebenswerter wird. Das schließt nicht aus, daß er für manche anderen unbequemer wird. Als **Beziehungstyp** wird er lernen, »Nein« zu sagen, als **Sachtyp,** was er will, und als **Handlungstyp,** was er fühlt.

6. Das Drama-Dreieck – ein Modell zur Persönlichkeitsdiagnostik und Konfliktanalyse

Bezieht man STEPHEN KARPMANS Drama-Dreieck auf die einzelnen Persönlichkeitstypen, so erhält man damit eine ausgezeichnete Hilfe zur Persönlichkeitsdiagnostik. Denn anhand ihrer »Lieblingsspiele« lassen sich die Strukturtypen sicher erkennen. Neigt jemand dazu, andere zu »retten«, so ist dies meist ein **Beziehungstyp;** bringt jemand sich immer wieder in Opfersituationen, so handelt es sich dabei fast immer um einen **Sachtyp;** spielt jemand häufig den selbstgerechten Verfolger, so ist er wahrscheinlich ein **Handlungstyp.** Bisher hat sich das Drama-Dreieck vor allem bei der Analyse von Konflikten bewährt.

KARPMANS Drama-Dreieck gehört zu den besonders griffigen Modellen der Transaktionsanalyse. 1972 erhielt er dafür den jährlich vergebenen Eric-Berne-Gedächtnispreis. Es beschreibt die typischen Rollen, die in jedem Drama – oder Melodrama – vorkommen, den bösen Verfolger, das arme Opfer und den edlen Retter. So jedenfalls sieht es der Laie. Der psychologisch Informierte dagegen weiß, daß Opfer und Retter keineswegs benachteiligter sind als der Verfolger, denn auch sie ziehen ihre Vorteile aus ihrer jeweiligen Rolle. Das arme Opfer holt sich Zuwendung in Form von Mitleid und guten Ratschlägen, der edle Retter kann sich über-

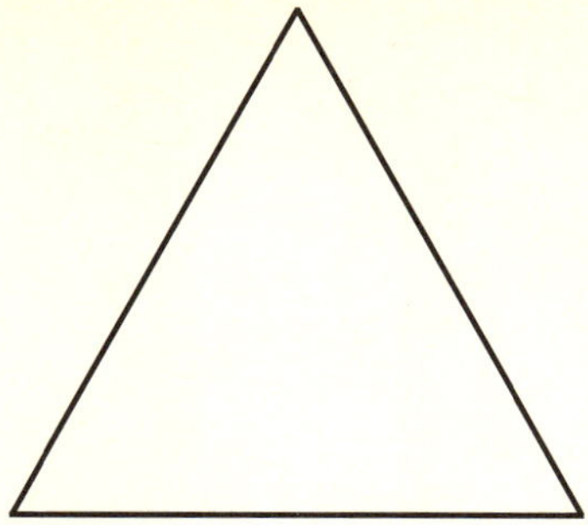

Das Drama-Dreieck nach KARPMAN

legen fühlen und in seinem sozialen Ansehen sonnen, während der böse Verfolger seine undankbare Rolle meist aus »Pflichtgefühl« übernommen hat: schließlich, so meint er, müsse sich ja jemand für Recht, Ordnung und Sauberkeit einsetzen.

Wie sieht das typische Retterverhalten aus? Man findet es bei Menschen, die allzu bereitwillig darauf aus sind, anderen zu helfen. Spielt jemand den Hilflosen und zeigt sich unselbständig, so übt dies eine magische Anziehungskraft auf potentielle Retter aus. Sie geben sich verwöhnend und überaus liebenswürdig, versprechen meist mehr, als sie halten können, und haben die Neigung, sich zu überfordern und aufzuopfern. Da sie ständig mehr geben, als sie bekommen, werden sie sich irgendwann leer und ausgebrannt fühlen. Das Retterverhalten findet man häufig in sozialen Berufen.

Neben diesem Fremdretter, der meint, es anderen immer recht machen zu müssen, gibt es auch den Selbstretter. Er glaubt, er müsse alles selbst machen und dürfe sich auf niemand verlassen. Im Geistigen neigen solche Menschen zu ideologischer Besserwisserei. Es fällt ihnen schwer, loszulassen und Arbeiten zu delegieren. Ähnlich wie der Fremdretter erwartet der Selbstretter wenig von anderen, erntet häufig Undank, geht leer aus und fühlt sich dann ausgenützt. Zum Selbstretterverhalten laden besonders Führungspositionen ein.

Opferspieler sind Menschen, die sich abhängig machen und fremdbestimmt fühlen. Sie bringen sich immer wieder in schwierige Situationen. Sie erwarten, daß andere für sie sorgen, und sind dann enttäuscht und wütend, wenn diese Fürsorge nicht in ihrem Sinne ausfällt. Die Zuwendung, die sie für ihre Opferspiele bekommen, ist meist negativ gefärbt. Das

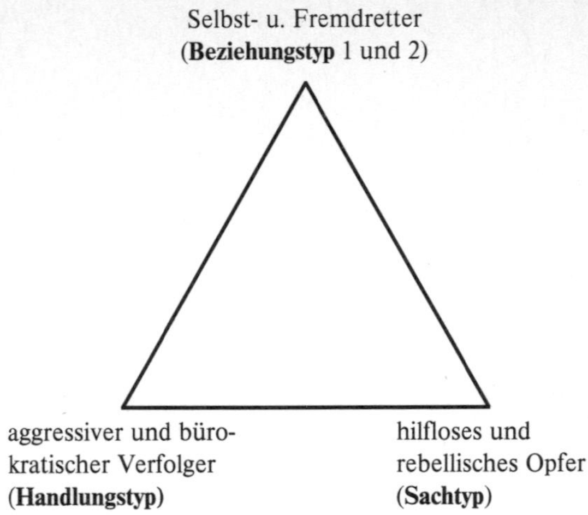

Das Drama-Dreieck persönlichkeitsspezifisch

Mitleid ist oft gewürzt mit einer Prise Verachtung und Geringschätzung. Das schmeckt ihnen nicht. Sie fühlen sich verkannt und reagieren unzufrieden oder rebellisch. Opferverhalten kann man häufig bei Menschen beobachten, die sich in abhängigen Positionen, z.B. in einer Ausbildung befinden.

Der Verfolger neigt zu selbstgerechtem Urteilen und zu Verhalten, das wenig menschliches Mitgefühl und Verständnis zeigt. Häufig fühlt er sich aus Pflichtbewußtsein dazu gezwungen. Er neigt zur Überidentifikation mit Aufgaben und Funktionen, die dann, wie er meint, dieses Verfolgerverhalten von ihm verlangen. Dabei glaubt er Sachzwängen, Regeln, Erwartungen, moralischen Vorstellungen oder solidarischen Verpflichtungen folgen und Geltung verschaffen zu müssen. Widerstände und die Unwilligkeit der Betroffenen bestärken ihn in seiner Aufgabe. Verfolgerverhalten findet sich häufig bei Menschen, die eine verantwortliche Position einnehmen, z.B. die Leitung einer Institution.

Der Retter braucht sein Opfer. Es gibt ihm das Gefühl der Überlegenheit und sichert ihm seine Existenzberechtigung. Darum kann er, solange er die Abhängigkeit des anderen nötig hat, kein ehrliches Interesse daran haben, ihm wirklich zu helfen. Er wird zwar sich und anderen vormachen, daß es ihm um Hilfe geht, doch gerade mit seinen Hilfsmaßnahmen dafür sorgen, daß das Opfer in seiner Rolle bleibt. Dies erklärt, warum manche soziale und therapeutische Maßnahmen die Betroffenen noch elender und abhängiger machen: statt den Willen zur Selbsthilfe zu stärken und die Selbstheilungskräfte zu fördern, schwächen sie diese.

Auch der Verfolger ist auf verläßliche Opfer angewiesen. Auch seine

Ermahnungen und seine guten Ratschläge zielen, ohne daß ihm dies bewußt wird, nicht auf eine tatsächliche Veränderung ab. Er braucht Opfer, denen er nicht, wie der Retter, Mitleid, sondern Geringschätzung entgegenbringt. So kann er sich der eigenen Tüchtigkeit, Rechtschaffenheit und Anständigkeit versichern. Für ihn wird es zu einer Frage der eigenen Identität. Wenn er keine Opfer findet, so wird er sie erfinden. Dazu bieten sich immer Minderheiten als Projektionsflächen an, Ausländer, Farbige, Homosexuelle, Arbeitslose oder Andersgläubige.

Auch die Konkurrenz zwischen Verfolger und Retter ist ein ergiebiges Konfliktfeld mit den Möglichkeiten, sich selbst zu bestätigen und den anderen abzuwerten. Der Retter wird dem Verfolger Unmenschlichkeit, mangelndes Einfühlungsvermögen und fehlendes pädagogisches Wissen vorwerfen. Der Verfolger hält den Retter für weltfremd und sieht in ihm einen Verräter, der auf der falschen Seite steht und aus Sentimentalität das Übel verantwortungslos unterstützt. Der Retter wird sich in seinem edlen Selbstbild bestärkt finden, der Verfolger in seiner Verantwortlichkeit seinem Volk, seiner Rasse oder Klasse gegenüber.

Sieht man sich die Rollen genauer an, ist keine besser als die andere. Jeder dieser Rollen liegt ein Abwertungsverhalten zugrunde, der Verfolger wertet die anderen ab, das Opfer sich selbst und der Retter die Realität. Jeder von ihnen hat genug Spielgewinne. Zwar sind diese Gewinne nicht solide begründet, sondern auf Sand gebaut: wie gewonnen, so zerronnen. Doch Spieler reagieren auf diese Erfahrung meist nicht mit Einsicht und Umkehr, sondern indem sie ihre Einsätze erhöhen, härter spielen. Der Retter wird weiterhin auf eine Pseudosouveränität, der Verfolger auf eine Pseudoidentität setzen.

Doch was kann jemanden veranlassen, freiwillig die Opferrolle zu übernehmen, den Verlierer und Versager zu spielen? Unbewußt sucht der Opferspieler Zuwendung und Autonomie. Zwar erreicht er mit seinen Opferspielen nur negative Zuwendung und statt Autonomie das Gegenteil, nämlich Abhängigkeit, doch auch die Souveränität des Retters und die Identität des Verfolgers taugen nicht viel. Es sind Selbsttäuschungen, die eher destabilisierend wirken, und, wie bei Drogen, immer höher dosiert werden müssen, um vorübergehende Befriedigung zu verschaffen. Deshalb hat das Drama-Dreieck in sich die Tendenz zu eskalieren, das Spielverhalten zu verstärken.

In der aktuellen Spielsituation provoziert das Opfer den Retter zu Mitleids- und den Verfolger zur Ärgerreaktionen. Der Retter empört sich über das autoritäre Verhalten des Verfolgers, und dieser ärgert sich über den sentimentalen Retter. Jeder gibt dem anderen die Schuld, daß die Erziehungs- bzw. Hilfsmaßnahmen scheitern und das Opfer in seiner mißlichen Lage bleibt. Diese wechselseitigen Interaktionen und Abhängigkeiten werden durch die Verbindungslinien des Drama-Dreiecks dargestellt.

Zum anderen weisen die Verbindungslinien des Dreiecks darauf hin, daß der einzelne seine Rolle wechseln kann. Wenn der Retter lange genug gerettet hat, fühlt er sich ausgebrannt, findet sich in der ihm ganz besonders unangenehmen hilflosen Opferposition wieder und wechselt dann so rasch wie möglich in die ärgerliche Verfolgerrolle. Oder das gutmütige Opfer sammelt in sich Ärger und Wut an, explodiert dann kurz in die ihm wenig vertraute Verfolgerrolle und wechselt dann schnell in die Retterrolle.

Betrachtet man das Drama-Dreieck unter dem Gesichtspunkt der Strukturtypen, wird deutlich, daß jede Persönlichkeitsstruktur ihre Lieblingsrolle im Drama-Dreieck hat. Der **Beziehungstyp** neigt zur Retterrolle, der **Sachtyp** zur Opferposition und der **Handlungstyp** zur Verfolgerhaltung. Dabei ist es sinnvoll, diese Rollen zu differenzieren. So kann man beim Retter zwischen einem Selbst- und einem Fremdretter unterscheiden, beim Opfer zwischen einem hilflosen und einem rebellischen Verhalten und beim Verfolger zwischen einer eher aggressiven und einer bürokratischen Verhaltensweise.

Was verleitet uns, Rollen im Drama-Dreieck einzunehmen? Es sind die *Antreiber* (nach TAIBI KAHLER) und die *Nicht-o.k.-Positionen* (nach BERNE, ERNST und HARRIS) sowie die ihnen zugrunde liegenden frühen Störungen. Alle drei Theoriemodelle stammen aus der Transaktionsanalyse und lassen sich den Rollen des Drama-Dreiecks und den Persönlichkeitsstrukturen zuordnen. Diese Zuordnungen erfordern bzw. haben zur Folge, daß diese Theoriemodelle genauer als üblich definiert werden.

Beim **Beziehungstyp 1** ist das *Sei stark!* im Sinne von: sich kontrollieren, auf der Hut und mißtrauisch sein. »Ich muß alles selbst machen! Ich kann mich auf niemand verlassen!« Den **Beziehungstyp 2** bringt das *Mach's anderen recht!* in die Retterrolle. Das bedeutet für ihn, ständig auf die Bedürfnisse und Stimmungen der anderen zu achten. Die damit verbundene *O.k.-Position* ist *Ich bin nicht o.k. – du bist nicht o.k.* Diese nihilistische Grundhaltung kann sich in Zynismus äußern wie bei beim Mephisto in Goethes Faust, in Träumen von einer besseren Welt oder in übertriebener Hilfsbereitschaft.

Diese Grundhaltungen gehen zurück auf frühe Erfahrungen des Kindes, nicht oder nur bedingt erwünscht zu sein. So erlebt es die Welt als fremd, unheimlich, abweisend oder gar feindselig. Das heißt, die anderen werden als *nicht o.k.* erfahren, aber das Kind folgert auch für sich selbst, daß mit ihm etwas nicht stimmen kann, also *Ich bin nicht o.k.* Daraus resultieren wiederum das *Sei stark!* – sorge für dich selbst, vertraue niemand – und das

Mach's anderen recht! - sieh zu, daß du die anderen für dich einnehmen, gewinnen kannst.

Der typische Antreiber des **Sachtyps** ist *Streng dich an!*. Er wirkt sich besonders in angestrengtem Nachdenken und Grübeln aus. Verbunden ist er mit der depressiven *Nicht-o.k.-Position: Ich bin nicht o.k. - du bist o.k.* Der **Sachtyp** erlebt sich im Drama-Dreieck als schwach, minderwertig oder unfähig im Vergleich zu anderen. Diese Haltung geht zurück auf entmutigende Erfahrungen in der frühen Kindheit bei dem Versuch, ein stabiles Selbstbewußtsein aufzubauen. Tiefsitzende Einschärfungen wie *Sei nicht du selbst!* und *Schaff es nicht!* verunsichern ihn.

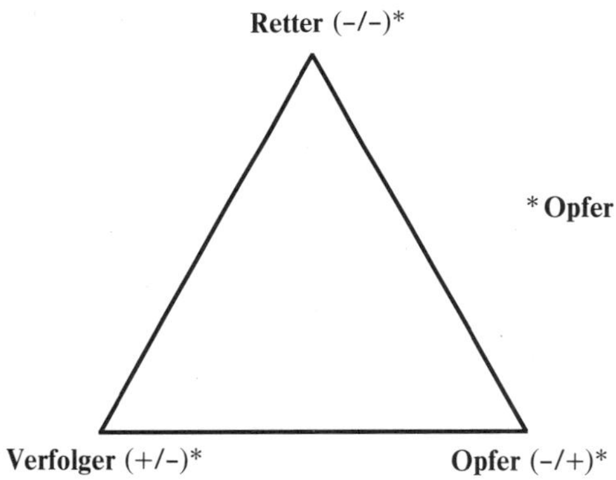

*** Retter** — **Schlüsselfähigkeiten im Bereich Erkennen**
Sich vertrauensvoll einlassen auf die Realität, zuhören, sich informieren, Situationen alternativ durchdenken, sich konzentrieren und entspannen

*** Opfer** — **Schlüsselfähigkeiten im Bereich Handeln**
Kraftvoll und entschlossen handeln, sich schützen, fürsorglich mit sich und anderen umgehen, Verantwortung übernehmen, sich geradlinig und zielorientiert verhalten

*** Verfolger** — **Schlüsselfähigkeiten im Bereich Beziehung**
Gefühle zulassen, sich freuen, lachen, spontan sich verhalten, Freude und Spaß, kreativ sein, sich einfühlen, sozial, naturverbunden, gesundheitsbewußt, liebevoll

Der Ausstieg aus dem Drama-Dreieck

Der **Handlungstyp** schließlich neigt zu einem *Sei perfekt!* Er möchte alles ganz genau und ja keine Fehler machen. Dabei unterdrückt er seine schöpferischen und erlaubenden Impulse und verhält sich zwang- und regelhaft. Seine *Nicht-o.k.-Position* ist das selbstgerechte *Ich bin o.k. - du* *bist nicht o.k.!*. Dieses »O.k.-Sein« ist jedoch insofern unmenschlich, als es sich auf das Einhalten von Regeln bezieht. Diese Haltung geht zurück auf eine strenge und verbietende Erziehung in der Kindheit: *Tu das nicht!* und *Fühle nicht, was du willst!*

Was sind die Alternativen zum Drama-Dreieck? Welche Möglichkeiten haben wir, uns davor zu schützen, in die eigene Lieblingsrolle einzusteigen - der **Beziehungstyp** in seine Retterrolle, der **Sachtyp** in seine Opferrolle und der **Handlungstyp** in seine Verfolgerrolle? Oder wie können wir notfalls wieder aus dem Drama-Dreieck aussteigen beziehungsweise andere darin unterstützen, aus ihrer Rolle herauszukommen - wenn sie dazu bereit sind? Denn das ist keineswegs selbstverständlich. Nicht nur, daß manche um keinen Preis aus ihrer Rolle herauswollen: sie werden ziemlich böse, wenn andere nicht mitspielen.

Die Antwort sollte eigentlich nicht überraschen: Es ist die Realisierung der Schlüsselfähigkeiten. Wenn jemand weiß und sagt, was er will, sich dafür einsetzt, auf sich selbst aufpaßt, eine kraftvolle und aktive Haltung einnimmt, kann er nicht gleichzeitig in einer Opferhaltung sein; das eine schließt das andere aus. Wer mitfühlend und einfühlend ist, lebendig, voller Lebensfreude und Humor, kann nicht gleichzeitig den Verfolger im Drama-Dreieck spielen. Wer realitätsbezogen denkt, Zusammenhänge erkennt, interessiert, begeistert, konzentriert und entspannt ist, hat keine Veranlassung, die Retterrolle zu spielen. Wenn er jemandem hilft, dann gibt er Hilfe zur Selbsthilfe, er »rettet« nicht.

Wenn wir also in gutem Kontakt mit unseren Schlüsselfähigkeiten sind, sind wir weitestgehend davor geschützt, eine der Spielpositionen im Drama-Dreieck einzunehmen. Haben wir uns jedoch dazu verleiten lassen, wieder einmal unsere Lieblingsrolle zu übernehmen, sollten wir uns auf unsere Schlüsselfähigkeiten besinnen. Das gilt auch für Hilfestellungen gegenüber anderen. Wenn es uns gelingt, ihre Schlüsselfähigkeiten zu aktivieren, finden sie meist rasch aus dem Rollenverhalten heraus.

Freilich, dabei kann es uns auch passieren, daß man uns für herzlos erklärt. Denn das Erleben dieser Rollen ist häufig verknüpft mit starken Gefühlen von schmerzlicher Wehmut, von Mitleid, Angst, Bedrückung, Zorn oder Ärger. Obwohl diese Gefühle auf die Umgebung unangemessen und nicht nachvollziehbar wirken, werden sie subjektiv meist als angemessen und berechtigt erlebt. Für die Außenstehenden ist es deutlich, daß die Gefühle wenig mit der Realität zu tun haben. Man hat zu Recht den Eindruck, daß sich der Betreffende in negative Gefühle hineinsteigert. Er selbst freilich erlebt sie subjektiv als echt und stimmig. Erst im nachhinein, wenn er sich »wieder gefangen« hat, merkt er, wie unangemessen seine Reaktionen waren.

Teil II

Psychologie und Ausprägung der Persönlichkeitstypen

7. Die Psychologie des Beziehungstyps

Im Beziehungsverhalten ist beim **Beziehungstyp** die Ambivalenz von Nähe und Distanz immer spürbar, doch sie kann sich nach der einen oder der anderen Seite hin verschieben. Sie kann von herzlich bis zurückhaltend oder von freundlich bis kalt reichen. Sie kann - beim **Beziehungstyp 2** - die ganze Skala des Kontaktverhaltens ausschöpfen oder - beim **Beziehungstyp 1** - sich nur im Mittelfeld bewegen. Dies hängt auch damit zusammen, daß die Persönlichkeit des **Beziehungstyps** mehr als beim **Sach-** oder beim **Handlungstyp** von weiblichem und männlichem Rollenverhalten überlagert wird. Deshalb sind Frauen als **Beziehungstyp** in der Regel deutlich liebenswürdiger, Männer wesentlich kühler in ihrem Verhalten.

:	:	:	:	:	:
herzlich	liebens-würdig	freund-lich	zurück-haltend	kühl	kalt

weiblicher **Beziehungstyp 2**
weiblicher **Beziehungstyp 1**
männlicher **Beziehungstyp 2**
männlicher **Beziehungstyp 1**

Die Ambivalenzen des **Beziehungstyps** in seinem Kontaktverhalten

Dazu kommt, daß der **Beziehungstyp 2** seine Gefühle eher dramatisiert, also zu Gefühlsüberschwang neigt, während der **Beziehungstyp 1** sie eher kontrolliert, dadurch oft sehr beherrscht und unterkühlt wirkt. Diese beiden Faktoren, das struktur- und rollentypische Beziehungsverhalten, können sich ausgleichen. Dieser Ausgleich kommt dem männlichen **Beziehungstyp 2** und dem weiblichen **Beziehungstyp 1** zugute: sie bewegen sich meist im Mittelfeld des Kontaktverhaltens. Die beiden Faktoren können sich jedoch auch verstärken, dann wirkt der weibliche **Beziehungstyp 2** überschwenglich liebenswürdig und der männliche **Beziehungstyp 1** betont zurückhaltend und kühl. Dies hat zu dem Mißverständnis geführt, es handle sich um zwei verschiedene Persönlichkeitsstrukturen.

Beim **Beziehungstyp 1** kommt noch ein weiterer Faktor dazu. In einer ihm fremden Umgebung wirkt er mitunter sehr distanziert. Doch wenn er mit Menschen zusammen ist, die ihm vertraut sind, kann er sich gefühlsmäßig engagiert und lebendig zeigen. Auch dieser Aspekt ist bei ihm stärker ausgeprägt als bei den anderen Strukturtypen. Kennt man ihn nur von flüchtigen Begegnungen, wird man sich möglicherweise ein falsches Bild von ihm machen. Man hält ihn für gefühlsarm, ohne zu wissen, daß er in vertrauensvollem Umgang sich gefühlsmäßig sehr intensiv engagieren kann.

Beim **Beziehungstyp 2** kann diese Täuschung genau in die entgegengesetzte Richtung gehen. Auf den ersten Eindruck vermittelt er viel Herzlichkeit und Zuneigung. Überschätzt man jedoch das emotionale Interesse, das er einem wirklich entgegenbringt, folgt die Ernüchterung. Man muß erfahren, daß man sich von seiner freundlichen Art zuviel versprochen hat. Werden diese Ambivalenzen nicht durchschaut, muß es zu Fehldiagnosen kommen. Da RIEMANN die beiden Pole dieser Ambivalenz trennt und unterschiedlichen Strukturtypen zuordnet, der schizoiden und der hysterischen Persönlichkeit, konnte er ihre Verwandtschaft nicht sehen[1].

Wenn Distanz und Nähe nicht die wirklichen Unterschiede zwischen den beiden Persönlichkeitsstrukturen sind, was sind sie dann? Dies läßt sich verdeutlichen an der lebensgeschichtlichen Entstehung der beiden Strukturtypen. Grundsätzlich kann man sagen, daß der **Beziehungstyp,** also die schizoide und die hysterische Persönlichkeit, in den ersten Lebensmonaten entsteht. Denn jeder **Beziehungstyp 2** war einmal ein **Beziehungstyp 1.** Deshalb wird der **Beziehungstyp 2** immer noch die Züge des **Beziehungstyps 1** in sich finden. Und meist hat auch der **Beziehungstyp 1** etwas vom **Beziehungstyp 2** in sich.

Da die Persönlichkeitsbildung des **Beziehungstyps 1** sehr früh, in der

1 So schreibt er über den schizoiden Menschen: »Ihm steht weder die werbend-erobernde noch die verführend-hingebende Seite zur Verfügung. Zärtlichkeit, verbaler oder emotionaler Ausdruck von Zuneigung sind ihm fremd, und ihm fehlt auch weitgehend die Einfühlung, das Sich-in-einen-anderen-versetzen-Können.« (RIEMANN, Grundformen der Angst, 1976, S. 25) Nach meinen Erfahrungen ist dies eine krasse Fehleinschätzung. Vermutlich kam RIEMANN zu dieser Einschätzung der schizoiden Persönlichkeit aus seiner therapeutischen Arbeit mit neurotisch oder psychotisch gestörten Patienten dieses Strukturtyps. Und es ist sicher kein Zufall, daß RIEMANN in seinen Fallbeispielen hauptsächlich von männlichen Schizoiden berichtet.
Im umgekehrten Sinne sieht er die hysterische Persönlichkeit ebenso einseitig: »Der hysterische Mensch liebt die Liebe ... Grenzüberschreitendes Erleben zieht ihn an ... In seinen Liebesbeziehungen (ist er) intensiv, leidenschaftlich und fordernd ... Er versteht es, eine erotische Atmosphäre zu schaffen, und kann auf vielerlei Weise bezaubern ...« (S. 163/164)
Beschreibt RIEMANN den **Beziehungstyp 1** kritisch abwertend, so den **Beziehungstyp 2** unkritisch schwärmerisch. Hier übersieht er den Widerspruch zwischen den Fähigkeiten zu bezaubern, andere für sich einzunehmen, zu verführen – darüber verfügt schon der wenig entwickelte **Beziehungstyp 2** in hohem Maße – und den Fähigkeiten der vertrauensvollen Zuwendung und liebevollen Hingabe. Dies sind Eigenschaften des entwickelten **Beziehungstyps 2.** Und je mehr seine Liebesfähigkeit wächst, desto weniger muß er andere ständig bezaubern, für sich gewinnen und dabei in ihnen Hoffnungen wecken, die er dann nicht erfüllen kann und enttäuschen muß.

noch vorsprachlichen Zeit der ersten Lebensmonate einsetzt, liegen seine besonderen Fähigkeiten und auch seine Störungen im nonverbalen Beziehungsverhalten. Diese Menschen haben einen besonderen Sinn für Körpersprache. So findet man unter Ballettänzerinnen oder Pantomimen, Körpertherapeuten oder Fotomodellen sehr häufig den **Beziehungstyp 1.** Da sie im nonverbalen Ausdruck zu Hause sind, fühlen sie sich davon auch besonders angesprochen. Noch über das Medium der Fotografie können sie viel vermitteln an Beziehungsbotschaften, sie wirken auf eine zurückhaltende Weise anziehend.

Auch die Beziehungsstörungen werden eher nonverbal ausgedrückt. Kühler, abweisender Gesichts- und Körperausdruck oder Krankheiten, die Rücksicht und Abstand erfordern, Termine und anderweitige Verpflichtungen dienen dazu, Distanz zu schaffen. Allergische Hauterkrankungen und Bronchialasthma sind typische Erkrankungen des **Beziehungstyps 1,** ebenso Appetitlosigkeit bis hin zur Magersucht, Kopf- und Körperschmerzen.

Um die frühe, lebensbedrohliche Botschaft *Sei nicht!* abzuwenden, entwickelt der **Beziehungstyp 1** viel Energie, um andere von sich zu überzeugen, sei es durch ein gewinnendes Äußeres, durch interessante Gesprächsthemen oder durch »hochkarätige« Leistungen (»hochkarätig«, ein Lieblingsausdruck eines weiblichen **Beziehungstyps 1**). Das geht hinein bis ins Somatische: unter diesem Strukturtyp gibt es ungewöhnlich viel gutaussehende Menschen (was Schillers »Es ist der Geist, der sich den Körper baut« bestätigt).

Mit der frühen Persönlichkeitsbildung dürfte es ebenfalls zusammenhängen, daß der **Beziehungstyp 1** wenig durch konventionelles Rollenverhalten festgelegt ist. Er kann sein Leben ganz bewußt planen und gestalten, scheinbar Selbstverständliches in Frage stellen und sich über Vorurteile hinwegsetzen. Schönheit und Funktionalität sind für ihn wichtige Maßstäbe. So liebt er »konstruktive« Möbel aus Stahlrohr, Leder und Glas und den auf die Funktion des Fahrens abgemagerten Sportwagen.

Der **Beziehungstyp 1** wirkt lebendig, dynamisch und spontan. Sich selbst gegenüber neigt er zu einer etwas asketischen Haltung, ißt in Belastungssituationen eher wenig, hat eine aufrechte, kontrollierte Haltung und oft einen schlanken Körperbau, typisch die sehr schlanken Mannequins. Er fühlt sich besonders wohl in Gruppen, die ein gemeinsames Interesse verfolgen. Die Gruppenakzeptanz gibt ihm Sicherheit, und die ungezwungene Situation gibt ihm die Freiheit, sich je nach Stimmung mehr oder weniger und abwechselnd auf verschiedene Personen einzulassen.

Bezogen sich die bisherigen Ausführungen über den **Beziehungstyp 1** auf seinen Persönlichkeitsbereich Kind-Ich 1 und die Ambivalenzen im Bereich **Beziehung,** so wollen wir nun seinen Entwicklungsbereich betrachten. Dieser ist das Erwachsenen-Ich 1. Es ist zuständig für den unmittelbaren Realitätsbezug, die Sinneswahrnehmung, das intuitive Denken und Erkennen und ein elementares Bei-sich-selbst-Sein. Dieser Bereich **Erkennen** ist beim **Beziehungstyp** meist weniger gut entwickelt.

Er tendiert dazu, diesen unmittelbaren Realitätsbezug durch Wissen über die Realität zu ersetzen. Dieses Wissen kann realitätsnah oder -fern sein. So gibt es den **Beziehungstyp 1,** der sehr clever und »in« ist. Er weiß genau Bescheid über Mode, Essen, Wohnen, Freizeitbeschäftigungen, hat die richtige weltanschauliche und politische Meinung, kennt sich aus in der Kunst-, Kultur- und Musikszene. Doch es gibt unter den **Beziehungstypen 1** auch Sonderlinge, weltanschauliche und politische Extremisten, die weit weg sind von gesellschaftlichen und sonstigen Realitäten.

Doch selbst das genaueste Wissen über die Realität kann den unmittelbaren Realitätsbezug nicht gleichwertig ersetzen. Es fehlt ihm das genau Zutreffende, Einmalige, Unverwechselbare, das überraschend Neue. Dieses Wissen über die Realität mag glanzvoller, beeindruckender erscheinen als die konkrete Realität. Es mag intelligent sein, aber es ist nicht wirklich klug. Und wird der sinnenhafte und intuitiv erkennende Realitätsbezug vernachlässigt, so geht damit auch der Bezug zum eigenen Ich oder Selbst verloren. Und das bedeutet innere Unstetigkeit, Hektik und Nervosität – die betreffende Person fühlt sich bei sich selbst nicht zu Hause.

Da der **Beziehungstyp** die Welt von Anfang an als wenig einladend, als wenig Liebe und Geborgenheit vermittelnd erlebt hat, ist er ihr und den Menschen gegenüber mißtrauisch. Um so größer ist seine Neigung, sich eine bessere Eigen- oder Phantasiewelt zu schaffen. Das können die abstrakten Welten der Mathematik oder Physik, musikalische oder religiöse Welten, politische Utopien sein, die Welt des Sports oder private Traumwelten wie eine intensive platonische Liebesbeziehung. Hat der **Beziehungstyp 1** einmal seine Traumfrau, seinen Märchenprinzen gefunden, so wird er lange an diesem Traum festhalten, auch wenn die realen Erfahrungen ganz anders aussehen.

Hier, in seinem Entwicklungsbereich, dem Erwachsenen-Ich 1 und dem Lebensbereich **Erkennen,** ist der Ansatzpunkt für die Persönlichkeitsentwicklung des **Beziehungstyps 1.** Die Fähigkeiten des Sich-Einlassens auf das Hier und Jetzt der sinnenhaften Wahrnehmung, der Achtsamkeit und Konzentration auf die konkrete Gegenwart, sie lassen sich üben und entwickeln. Ein gutes Beispiel dafür ist die Praxis des Zen-Buddhismus. Und es mag ein Zen-Meister vom **Beziehungstyp 1** gewesen sein, der gesagt hat: »Meine Geliebte ist die Realität. Sie hat es nicht nötig, sich Puder und Schminke aufzulegen.«

Störungen im Persönlichkeitsbereich und Schwächen im Entwicklungsbereich führen dazu, daß auch die »Lernziele« des Zielbereiches nicht erreicht werden. Statt dessen kommt es dort zu einer Regression auf eine frühere Entwicklungsstufe. Im Zielbereich Eltern-Ich 1 oder **Handeln** werden nicht Solidarität und Zusammenarbeit realisiert, sondern egoistisches Machtstreben. Machtmenschen wie Napoleon, die beim Verfolgen ihrer Ziele bedenkenlos »über Leichen gehen«, lassen sich dabei instinktiv von Verhaltensweisen leiten, die vor dem Beginn menschlicher Sozialisation liegen, gewissermaßen von einem Eltern-Ich 0.

Die Maxime *gemeinsam handeln, dabei an den einzelnen denken* entspricht sowohl der Eigengesetzlichkeit des Bereiches **Handeln** – sie erfordert Solidarität und Zusammenarbeit, um hier erfolgreich zu sein – wie auch dem wechselseitigen Zusammenhang der drei Lebensbereiche. Denn Arbeit sollte immer dem einzelnen dienen, seinen Bedürfnissen (Kind-Ich oder Bereich **Beziehung**) und Interessen (Erwachsenen-Ich oder Bereich **Erkennen**). Übertriebener Ehrgeiz und das Konkurrieren mit anderen können die Zusammenarbeit erheblich stören.

Ein wohlwollendes und fürsorgliches Eltern-Ich zu entwickeln ist für den **Beziehungstyp** wichtig, da er dazu tendiert, sich und andere abzuwerten. Das *Ich bin nur o.k., wenn . . .* verführt ihn dazu, an sich und andere zu hohe Maßstäbe anzulegen. Sein Mißtrauen sich und anderen gegenüber läßt ihn eigennützige Beweggründe vermuten. Dies kann leicht zu Kritiksucht, Zynismus und Nihilismus führen, einem *Ich bin nicht o.k., du bist nicht o.k.,* zu Verzweiflung, Lebensmißachtung und Suizid. Das damit im Zusammenhang stehende Selbstretterverhalten und die Machtspiele des **Beziehungstyps 1** werden unter dem Thema »Persönlichkeit und Spiele« behandelt.

Beide, der **Beziehungstyp 1** und der **Beziehungstyp 2,** sind verwandte Persönlichkeitsstrukturen. Beide sind entstanden durch Störungen im Bereich **Beziehung,** freilich in unterschiedlichem Lebensalter. Doch kann angenommen werden, daß jener späteren, der hysterischen Störung eine frühere, schizoide Störung vorausging. Die Persönlichkeit des **Beziehungstyps 2** wird überwiegend geprägt durch die Lebenssituation und die Lebensthemen des vier- bis sechsjährigen Kindes.

Dies ist vor allem das verbale Beziehungsverhalten – freilich wieder mit den typischen Ambivalenzen von Hoffnungen-Wecken und -Enttäuschen, von Einladen und Bedauern. Der **Beziehungstyp 2** vermeidet schroffe Zurückweisungen. Er zieht es vor, zu sagen, daß leider etwas dazwischengekommen sei, die Umstände sich anders entwickelt hätten als angenommen usw. Selbst wenn er sich distanziert, tut er dies auf eine freundliche, liebenswürdige Weise. Sein typischer Antreiber ist weniger das *Sei stark!* des **Beziehungstyps 1** als das *Mach's anderen recht!*.

Es ist die Zeit, in der kleine Mädchen heftig mit ihrem Vater, kleine

Jungen mit ihrer Mutter flirten. Vielleicht ist dies eine Erinnerung daran, daß die Menschen in der Ur- oder Vorzeit auf dieser Entwicklungsstufe geschlechtsreif wurden (SCHMEING). Dieses Verliebtsein in den gegengeschlechtlichen Elternteil bringt das Kind in eine Konkurrenzsituation zum gleichgeschlechtlichen, den sogenannten Ödipus-Konflikt, der sich normalerweise dadurch löst, daß das Kind darauf verzichtet, die heimliche Geliebte des Vaters oder der kleine Liebhaber der Mutter zu werden. Es verwandelt die erotischen Gefühle in freundschaftliche, die konkurrierenden in solidarische, und seine Energien stehen ihm für die Weiterentwicklung seiner kindlichen und jugendlichen Persönlichkeit zur Verfügung. Mißlingt diese Lösung, etwa weil der gegengeschlechtliche Elternteil zu abweisend oder zu verführend und der gleichgeschlechtliche zu aggressiv oder zu harmonisierend ist, so bleibt das Kind in dieser Konfliktsituation stecken. Die heimliche Geliebte des Vaters, der kleine Liebhaber der Mutter zu sein ist zugleich eine Auszeichnung und eine Überforderung – auch wenn sich das alles nur in der Phantasie des Kindes abspielt.

Solche Menschen haben auch später ein deutliches Gespür dafür, wie verführerisch sie sein können. Doch dies verbindet sich mit einem schmerzlichen Gefühl der Unzulänglichkeit. Es kann von ihnen fast wie ein Fluch erlebt werden, immer liebenswürdig sein, lächeln, andere von sich überzeugen zu müssen. Und manche von ihnen begnügen sich nicht damit, sich selbst in den Mittelpunkt zu stellen, sondern setzen vermeintliche Konkurrenten herab, bringen sie in ein schlechtes Licht und versuchen sie auszuschalten.

Während der **Beziehungstyp 1** eher dazu neigt, seine Bedürfnisse und Gefühle zu kontrollieren und abzublocken, tendiert der **Beziehungstyp 2** dazu, sie zu verstärken. Ihm steht das Kind-Ich 2 zur Verfügung, darum ist er kontakt- und beziehungsfreudig, phantasievoll, hilfsbereit und mitfühlend. Er hat ein schauspielerisches Naturtalent und liebt es, sich in Szene zu setzen. Der **Beziehungstyp 2** ist wortgewandt, kann andere mitreißen und begeistern. Er ist selten langweilig und hat die Fähigkeit, aus jeder Situation etwas zu machen.

RIEMANN betont bei diesem Strukturtyp das Bedürfnis nach Abwechslung, dem aufregend Neuen, Abenteuerlichen, nach Märchen- und Traumhaftem und gesteigertem Lebensgefühl, aber auch seine Angst vor den Realitäten und Festlegungen: »Allgemein gültige, verbindliche Ordnungen werden vorwiegend unter dem Aspekt der Freiheitsbeschränkung erlebt und daher, wenn möglich, abgelehnt oder vermieden.« (RIEMANN, 1976, S. 157) Ich habe mehrfach beobachtet, wie Frauen von diesem Strukturtyp auf die Sicherheit einer Ehe verzichteten, ihr Kind oder ihre Kinder allein großzogen und dabei erstaunliche Fähigkeiten entwickelten, um sich und ihre Kinder durchzubringen. Die Kinder freilich wirken fast alle etwas ernst und traurig, so als hätten sie zu früh Verantwortung übernehmen müssen.

Der Erfahrung der Lieblosigkeit, die zur Herausforderung und zum Anstoß für die Persönlichkeitsbildung des **Beziehungstyps** wird, kann auf zwei Weisen begegnet werden. Die eine ist, stark zu sein, sich unabhängig zu machen, sich selbst zu »retten«. So verhält sich in Belastungssituationen der **Beziehungstyp 1.** Die andere Möglichkeit ist, besonders lieb zu sein, es anderen recht, sie von sich abhängig und sich selbst unentbehrlich zu machen. Dazu projiziert der **Beziehungstyp 2** die eigene und inzwischen unbewußt gewordene Gefährdung auf andere, um sie dann zu »retten«.

Die vom **Beziehungstyp 1** bevorzugte nonverbale Kommunikationsebene und sein »Selbstretterverhalten« lassen ihn eher introvertiert, die vom **Beziehungstyp 2** benützte verbale Kommunikationsebene und sein »Fremdretterverhalten« diesen eher extravertiert erscheinen. Doch genaugenommen ist es nur ein Überwiegen der einen oder der anderen Seite: auch der **Beziehungstyp 1** »rettet« gerne andere, und der **Beziehungstyp 2** greift spätestens dann, wenn er wieder einmal zuviel versprochen hat, zur Notbremse des »Sich-selbst-Rettens«.

Die schon erwähnte Überlagerung des strukturtypischen Verhaltens durch männliches und weibliches Rollenverhalten kommt dem weiblichen **Beziehungstyp 1** und dem männlichen **Beziehungstyp 2** zugute. Bei beiden wirkt sie ausgleichend. Der weibliche **Beziehungstyp 1** ist recht liebenswürdig, und der männliche **Beziehungstyp 2** setzt stärker auf das Denken und Erkennen. Beim männlichen **Beziehungstyp 1** und beim weiblichen **Beziehungstyp 2** verstärkt das geschlechtsspezifische Rollenverhalten das intro- bzw. extravertierte Strukturverhalten.

Der Entwicklungsbereich des **Beziehungstyps 2** ist das Erwachsenen-Ich 2. Dieses ist zuständig für den erweiterten Realitätsbezug, das Denken in größeren Zusammenhängen. Dazu sind genaue Informationen, ein folgerichtiges Denken und eine Sicherheit gegenüber den eigenen Denkergebnissen erforderlich. Liegt in diesem Bereich **Erkennen** eine Schwäche vor, so wirkt der **Beziehungstyp 2** etwas naiv und irrational. Da solche Eigenschaften noch vor einer Generation als »weiblich« galten, wurden sie von Filmstars wie Marilyn Monroe und Brigitte Bardot bewußt gepflegt. In seinem Zielbereich Eltern-Ich 2 muß der **Beziehungstyp 2** besonders vorsichtig sein, damit er das »Retten« nicht zu seinem Beruf macht.

Die Persönlichkeitsentwicklung des **Beziehungstyps** beginnt im Erwachsenen-Ich. Für den **Beziehungstyp 1** bedeutet dies: neugierig sein, sich interessieren, beobachten, zuhören, aufmerksam sein, sich konzentrieren und entspannen, seine Intuition schulen; für den **Beziehungstyp 2** sich informieren, Situationen analysieren, Zusammenhänge durchdenken, Schlußfolgerungen ziehen und den eigenen Erkenntnissen vertrauen.

Ziel-
bereich

3. Schritt: *Ich kann!* (solidarisch BT1 und kreativ handeln BT2)

Entwicklungs-
bereich

1. Schritt: *Ich bin interessiert!* (BT1)
Ich erkenne die Zusammenhänge! (BT

Persönlich-
keitsbereich

2. Schritt: *Ich vertraue meinem Leben!* (BT1)
Ich vertraue anderen! (BT2)

Persönlichkeitsentwicklung des **Beziehungstyps** 1 und 2

Der zweite Schritt ist die Entfaltung seines Kind-Ichs. Hier geht es vor allem um die Fähigkeit des Vertrauens. Für den **Beziehungstyp 1** heißt das, der Welt und dem Leben vertrauensvoll zu begegnen. Soweit eine religiöse Haltung dieses Urvertrauen in das eigene Leben, das tagtägliche Geschehen unterstützt, kann sie nützlich sein. Für den **Beziehungstyp 2** ist es das Vertrauen zu anderen Menschen, in die Tragfähigkeit von Freundschaften und Beziehungen.

Dieses Vertrauen ist eine Fähigkeit wie die Fähigkeiten der Konzentration oder der Willenskraft. Sie kann in ihrer Entwicklung unterstützt, oder sie kann zerstört werden. Der **Beziehungstyp** kann für sich selbst Erfahrungen sammeln, herausfinden, was ihm bei der Entfaltung dieser Fähigkeit des Vertrauens hilft und was ihn dabei behindert.

Diese beiden Fähigkeiten des Vertrauens im Persönlichkeitsbereich und des Erkennens im Entwicklungsbereich sind die Voraussetzungen, um solidarisch und kreativ handeln zu können. Umgekehrt sind Mißtrauen und Voreingenommenheit die Brutstätten für Macht- und Retterspiele, für Konkurrenzkampf, Intrigen, Abwertung des anderen, Zank und Streit. Gerade im Zielbereich wird der wechselseitige Zusammenhang der drei Lebensbereiche deutlich, zeigt sich, wie **Handeln** angewiesen ist auf **Erkennen** und **Beziehung.**

8. Erscheinungsbild und Lebensformen des Beziehungstyps

In ihrem Erscheinungsbild sind sich **Beziehungstyp 1** und **2** recht ähnlich: der **Beziehungstyp 1** ist eher schlank, manchmal sehr schlank, auf attraktive Weise wohlgerundet ist besonders der weibliche **Beziehungstyp 2.** Beide halten sich aufrecht und sind in ihren Bewegungen kontrolliert. Sie legen unbewußt und bewußt Wert auf anmutige und gewinnende Körperhaltung, Bewegungen, Stimmführung, Mimik und Gestik. So ist das Lächeln des **Beziehungstyps** gewinnend, liebenswürdig, verführerisch. Wenn er in einer kritisch abwertenden Stimmung ist, kann es auch berechnend, überlegen, verächtlich oder zynisch sein. (Im Vergleich dazu ist das - seltenere - Lächeln des **Sachtyps** gutmütig, verlegen oder verschmitzt, das des **Handlungstyps** freudig, humorvoll oder konventionell.)

Der Gesichtsausdruck des **Beziehungstyps** zeigt sich im persönlichen Gespräch gefühlsmäßig engagiert, wobei sich auch hier der **Beziehungstyp 1** in einer ihm wenig vertrauten Umgebung eher kontrolliert, der **Beziehungstyp 2** hingegen besonders freundlich verhält. Beide sind modebewußt, der **Beziehungstyp 1** kleidet sich extravagant, der **Beziehungstyp 2** verbindlicher. Während jener sich eher abgrenzen und abheben möchte durch seine geschmackvolle Kleidung, legt der **Beziehungstyp 2** Wert auf breitere Zustimmung und wird deshalb eine Moderichtung bevorzugen, die vielen gefällt.

Ähnliches gilt für die Einrichtung der Wohnung. Der **Beziehungstyp 1** hat eine Neigung zu funktionalistischen oder konstruktivistischen Möbeln. Sie wirken intelligent, kühl und ästhetisch, sind bewußt klar und funktionell konstruiert. Der **Beziehungstyp 2** dagegen richtet seine Wohnung verspielt und liebenswürdig ein, geschmackvoll mit vielen hübschen Details - Blumen, Bildern, Trockensträußen, Obstschalen. Da viele dieser Dinge mit emotionalen Erinnerungen verbunden sind und es ihm deshalb schwerfällt, sich von ihnen zu trennen, kann die Wohnung überladen wirken.

Bei Autos haben **Beziehungstypen 1** eine Neigung zu Sportwagen oder sportlichen Fahrzeugen, **Beziehungstypen 2** zu »sympathischen« Autos - Käfer, 2 CV, Kabriolett oder Oldtimer. Der **Beziehungstyp 2** kann auch, aus einer Haltung der Überfürsorglichkeit heraus, zu für besonders sicher geltenden Fahrzeugen tendieren, z.B. einem großen Volvo. (Zum Vergleich: Der **Sachtyp** neigt dazu, sich praktisch und bequem einzurichten und auch einen entsprechenden Wagen zu fahren; so scheint er Geländewagen für besonders praktische Autos zu halten. Der **Handlungstyp** bevorzugt konservative und solide Möbel und Autos, die einen qualitativ hochwertigen und wertbeständigen Eindruck machen.)

Auch hier müßte man jeweils die Persönlichkeitsentwicklung berücksichtigen. Der entwickelte **Beziehungstyp** wird sich vernünftiger entscheiden. Er wird sich überlegen, ob ein Sportwagen unseren Verkehrsverhältnissen, ein Kabriolett unseren klimatischen Bedingungen in Mitteleuropa angemessen ist. Und er wird auch darauf achten, daß die Kosten in sinnvollem Verhältnis zu seinen Einnahmen und seinen sonstigen Bedürfnissen stehen, und wird gesundheitliche und ökologische Gesichtspunkte in seine Entscheidung mit einbeziehen.

Der Arbeitsstil des **Beziehungstyps** ist dynamisch, rasch und beweglich. Dadurch kann er zu einer gewissen Hektik neigen. Dem entwickelten **Beziehungstyp,** der entspannter und gelassener geworden ist, gelingt es hingegen, immer wieder Ruhe in seinen Arbeitsablauf zu bringen. Gefahren beim **Beziehungstyp 1** liegen darin, daß er sich zu ehrgeizig, zu dominierend oder kritisch abwertend verhält, beim **Beziehungstyp 2,** daß er andere rettet, gefühlsmäßig voreingenommen oder manipulierend mit anderen umgeht. Der entwickelte **Beziehungstyp 1** verhält sich zunehmend kooperativ, realitätsbezogen, entspannt und begeistert, der entwickelte **Beziehungstyp 2** kollegial, klug, konzentriert und heiter.

Wirkliche und dauerhafte Motivation geht immer von den Schlüsselfähigkeiten aus, beim **Beziehungstyp 1** von seinem Erwachsenen-Ich 1, beim **Beziehungstyp 2** von seinem Erwachsenen-Ich 2. Deshalb ist der **Beziehungstyp** gut beraten, wenn er sich in der Motivation seiner Mitarbeiter nicht so sehr auf seine Kontaktfähigkeit und seine Liebenswürdigkeit verläßt, sondern auf seine Klugheit setzt. Der **Beziehungstyp 1** demotiviert andere dadurch, daß er sich auf narzißtische Weise profiliert, ihnen nicht richtig zuhört, sondern sofort dagegen argumentiert, sie nicht einbezieht, wichtige und verantwortliche Tätigkeiten nicht delegieren kann. Der **Beziehungstyp 2** demotiviert andere dadurch, daß er zu große Hoffnungen weckt, die er dann enttäuscht, indem er sich irrational verhält oder negativ denkt.

Der **Beziehungstyp** reagiert besonders gekränkt und verletzt, wenn man ihm unterstellt, er sei dumm. Dies kann direkt geschehen, durch eine spöttische Bemerkung, oder indirekt, indem man ihm Selbstverständliches erklärt oder vordenkt. Diese Falle zu vermeiden ist nicht ganz leicht, denn besonders der unentwickelte **Beziehungstyp** fordern andere mitunter geradezu auf, ihnen mangelnde Klugheit zu bescheinigen. Dazu trägt ihre gefühlsmäßige Spontaneität bei, die sie zu vorschnellen Bemerkungen verleitet, aber auch ihre Angst, für dumm gehalten zu werden. Da es an dieser wunden Stelle leicht zu Mißverständnissen oder Überreaktionen kommt, ist es empfehlenswert, dem **Beziehungstyp** vorbeugend deutlich zu machen, daß man seine Intelligenz und seinen Sachverstand schätzt.

Der **Beziehungstyp 1** denkt im positiven Falle gelassen und realitätsbezogen. Erkenntnisse zu gewinnen ist für ihn etwas, das ihn ein Leben lang begeistern kann. Deshalb kann man bei ihm von einem erkenntnisorientierten Wertesystem sprechen. Denkgefahren liegen für ihn darin, daß er sich zu sehr mit Gedanken und Ideen identifiziert. Dann kommt es zu einem ideologischen Verwechseln von Gedanken und Wirklichkeit. Dies kann so weit gehen, daß er mit seiner Traumwelt die Realität abwertet und geringschätzt. Ähnliches gilt für den **Beziehungstyp 2.** Für ihn ist es wichtig, aus den Ergebnissen seines Denkens die praktischen Konsequenzen zu ziehen. Gefahren liegen für ihn in gefühlsmäßiger Voreingenommenheit, zum Beispiel einem sentimentalen Drang zum Retten, in abwertendem Denken und destruktivem Streiten.

In seinem Beziehungsverhalten legt der **Beziehungstyp 1** großen Wert darauf, sich frei und unabhängig zu fühlen. Es fällt ihm zunächst schwer, sich vertrauensvoll auf eine Beziehung einzulassen, doch dann kann es zu einer innigen Beziehung oder Freundschaft kommen. Hat er sich einmal auf eine Beziehung wirklich eingelassen, so widerstrebt es ihm, sich wieder daraus zu lösen. Da er ein besonderes Gespür für nonverbale Beziehungssignale hat, kann er Beziehungsprobleme des anderen früher als dieser selbst spüren und darauf reagieren. In diesem Fall ist es oft nicht leicht, Ursache und Wirkung auseinanderzuhalten, und der **Beziehungstyp 1** wird es manchmal erleben, daß man ihm den Schwarzen Peter zuschiebt.

Auch der **Beziehungstyp 2** braucht Freiräume, die ihm ermöglichen, wieder zu sich selbst zu finden. Es sind häufig Tätigkeiten, die ihm erlauben, ruhig nachzudenken oder sich zu entspannen. Der **Beziehungstyp 2** ist kontakt- und beziehungsfreudiger als der **Beziehungstyp 1.** Es fällt ihm auch leichter, sich aus einer Beziehung zu lösen. Aufgrund enttäuschender Kindheitserfahrungen hat er oft eine geringe Meinung vom anderen Geschlecht und betrachtet - ohne deshalb gleichgeschlechtliche Neigungen zu haben - Freundschaften mit dem eigenen Geschlecht als wertvoller. Er neigt dazu, mit dem gegengeschlechtlichen Partner zu spielen, ihn bei aller Liebenswürdigkeit zu frustrieren, und hat einen gewissen Hang zu Dreiecksbeziehungen.

Da **Beziehungstyp 1** und **2** keine grundsätzlich verschiedenen, sondern verwandte Strukturtypen sind, sind ihnen die Merkmale des jeweils anderen Typs nicht fremd. Diese Verwandtschaft kann sich als Schwanken zwischen den unterschiedlichen Merkmalen bei einer Dominanz der einen Seite zeigen. So kann ein **Beziehungstyp 2** in seiner dekorativ überladenen Wohnung den nächsten Umzug fürchten und von einer spartanischen Einrichtung träumen, oder ein **Beziehungstyp 1** fährt als Geschäftswagen einen Porsche und in seiner Freizeit einen R 4.

9. Varianten des Beziehungstyps 1 und 2

Denkt man beim **Beziehungstyp** an einen kontaktfreudigen, lebendigen Menschen, so sieht man dabei dessen Ausgangspersönlichkeit. Die entwickelte, mehrdimensionale Persönlichkeit des **Beziehungstyps,** die zugleich klug, interessiert und nachdenklich ist, könnte man für einen **Sachtyp** halten, wenn man diese geistigen Fähigkeiten nicht als Ergebnisse einer Persönlichkeitsentwicklung erkennt. Auch der entwickelte **Beziehungstyp** unterscheidet sich deutlich vom **Sachtyp:** einmal bleiben ihm sein Gespür und seine Begabung für Kontakt und Beziehung erhalten, zum anderen verläuft der persönlichkeitstypische Prozeß bei ihm vom Fühlen über das Denken zum Handeln, ein Prozeß, der den Grundrhythmus aller seiner Lebensäußerungen bildet.

Es gibt von jedem Strukturtyp typische Vertreter, die man auf den ersten Blick erkennt. Man lernt Persönlichkeitsdiagnostik am besten dadurch, daß man von solchen charakteristischen Beispielen im eigenen Bekannten-, Freundes- oder Familienkreis ausgeht und sie »studiert«. Doch dann trifft man auf Menschen, die untypisch erscheinen, etwa ein **Beziehungstyp,** der kontaktscheu, still und intellektuell wirkt, oder einen aufgedrehten, fröhlich lärmenden **Sachtyp** oder einen weich und warmherzig wirkenden **Handlungstyp.** Kennt man sich schon besser aus in der Persönlichkeitsdiagnostik, wird man auch solche Beispiele nicht untypisch finden. Es wird einem bewußt, daß ja auch kontaktscheues Verhalten eines **Beziehungstyps** ein Beziehungsverhalten ist, daß der extravertierte **Sachtyp** sich typisch wenig kontrolliert verhält und daß die warmherzige Art eines **Handlungstyps** seiner Persönlichkeitsentwicklung entspringt. Die jeweilige Beschreibung zeichnet den Prozeß nach, der die Persönlichkeit ausmacht. Beim **Beziehungstyp** geht er vom Beziehungsverhalten (»kontaktscheu«) zum Erkennen (»still und intellektuell«), beim **Sachtyp** vom Sinnenhaften (»aufgedreht«) zum Energetischen (»fröhlich lärmend«) und beim **Handlungstyp** vom Handeln (»weich«) zum Gefühl (»warmherzig«). Um ein Gespür für die unterschiedlichen Ausprägungen eines Strukturtyps zu bekommen, sollen hier jeweils einige positive und negative Beispiele beschrieben werden.

Sowohl beim **Beziehungstyp 1** wie beim **Beziehungstyp 2** findet man eine große Bandbreite individueller Erscheinungsformen. Dabei ist es in der Praxis oft schwierig, zwischen den beiden Beziehungstypen eindeutig zu unterscheiden; da sie aber ohnehin verwandt sind, ist dies auch nicht immer erforderlich. Je nach der persönlichen Verfassung kann bei der gleichen Person einmal das *Sei stark!* des **Beziehungstyps 1,** dann wieder das *Mach's anderen recht!* des **Beziehungstyps 2** im Vordergrund stehen.

Hier zunächst einige typische Ausprägungen des **Beziehungstyps 1:**

Herr D ist Verkaufsleiter in einem Energieversorgungsunternehmen. Er ist mittelgroß, kräftig und sportlich. Sein Auftreten ist dynamisch, energiegeladen und zielbewußt. Seine Stimme klingt, obwohl leicht »angerauht«, doch hell und frisch. Seine kämpferische Einstellung prägt das Klima in seiner Abteilung. Sie arbeitet erfolgreich. Herr D sucht den Kontakt zu anderen, ver-

steht Situationen eine witzige Seite abzugewinnen, spricht offen aus, was er denkt, was er fühlt und was er will, und geht Konflikten nicht aus dem Weg. Er behandelt seine Mitarbeiter fair und erwartet von ihnen, daß sie engagiert mitarbeiten. Herr D ist ein Beispiel des dynamisch-zielbewußten **Beziehungstyps 1.**

Frau B leitet eine soziale Einrichtung. Sie ist eher klein, zierlich und drahtig. Sie spricht und bewegt sich rasch. Ihre Stimme ist hell, und sie lacht gerne, ein »zwitscherndes« Lachen. Ihre beeindruckendste Eigenschaft ist ihre Begeisterungsfähigkeit, dank der sie anderen viel Anerkennung und Wertschätzung vermittelt. Dadurch sind Kontakte mit ihr wohltuend und bestärkend. Sie selbst erfährt durch ihre positive Einstellung viel Sympathie und Wertschätzung. Sie ist sehr an psychologischen Erkenntnissen interessiert und sucht und nützt Weiterbildungsmöglichkeiten. Frau B ist ein Beispiel des begeisterungsfähig-interessierten **Beziehungstyps 1.**

Frau S ist Musikdozentin. Sie ist eher groß und kann auf eine ruhige Art sehr attraktiv und bezaubernd wirken. Ihre Stimme klingt klangvoll, warm und melodisch. Sie beschäftigt sich über ihr berufliches Engagement hinaus intensiv mit Philosophie, Literatur und Musikwissenschaft. Sie ist sich selbst gegenüber sehr anspruchsvoll und unterrichtet mit viel Kompetenz auf eine konzentrierte, zurückhaltend-liebenswürdige Weise. In persönlichen Gesprächen zeigt sie Anteilnahme und Einfühlungsvermögen. Man bringt ihr Sympathie und Hilfsbereitschaft entgegen. Frau S ist ein Beispiel für den sensibel-nachdenklichen **Beziehungstyp 1.**

Herr K ist Leiter eines Architekturbüros. Er wirkt oft angespannt, unzufrieden und nervös. Er äußert sich häufig abwertend über Zeitumstände und -entwicklungen, seine Mitarbeiter und die Zusammenarbeit mit anderen Firmen. Hinter einer distanziert-ironischen Haltung verbirgt sich die Neigung, seine Mitarbeiter zu »retten«, das heißt, ihnen wenig zuzutrauen. Herr K wirkt ehrgeizig. Er mißt andere und sich selbst mit hohen Maßstäben. Bei geselligen Anlässen trinkt er mehr, als er vertragen kann. Herr K ist ein Beispiel des abwertenden **Beziehungstyps 1.**

Herr N ist Professor für alte Sprachen. Er gibt sich witzig, liebenswürdig, brillant. Wie ein Magnet zieht er alle Anerkennung, Bewunderung und Sympathie auf seine Person. Seine Mitarbeiter gehen neben ihm leer aus. Die Zusammenarbeit mit ihm ist schwierig, denn er neigt dazu, erfolgreiche Mitarbeiter in ein schlechtes Licht zu bringen und gegen sie zu intrigieren. In persönlichen Krisensituationen leidet er häufig unter schweren nächtlichen Asthmaanfällen. Herr N ist ein Beispiel des narzißtischen **Beziehungstyps 1.**

Frau I ist Kindergärtnerin. Nach einer gescheiterten Ehe schloß sie sich einer Sekte an. Zunehmend machte sie sich die Ideen, die dort gelehrt wurden, zu eigen und engte damit ihr Leben immer mehr ein. Dies fiel um so mehr auf, als sie zuvor eine lebensbejahende, gesellige Frau gewesen war. Sie brach nach und nach alle früheren Freundschaften ab. Schwierig wurde dies für ihre beiden heranwachsenden Kinder, deren ungestümer Lebensdrang ständig gegen unbegreifliche Schranken stieß, die sie gutmeinend errichtete. Sie verwechselte ständig ihre negativen Sichtweisen vom Leben und ihre Idealvorstellungen von einer besseren Welt mit der Wirklichkeit. Frau I ist ein Beispiel des ideologischen **Beziehungstyps 1.**

Was ist nun der gemeinsame Nenner dieser sechs Beispiele? Auf alle trifft die Bezeichnung »kontrolliert-dynamisch« zu. Alle sind ehrgeizig, sich selbst gegenüber anspruchsvoll und leben ihr Leben engagiert. Alle können, wenn sie wollen, zumindest zeitweilig liebenswürdig und gewinnend sein. Alle wirken lebendig, rasch und beweglich, einige neigen zur Hektik. Alle verstehen es, sich in den Mittelpunkt der Aufmerksamkeit zu stellen. An dieser Stelle muß einschränkend bemerkt werden, daß es auch gehemmte **Beziehungstypen 1** mit starken Tendenzen zur Selbstabwertung gibt, die sich in vielen Situationen sehr zurückhaltend geben. Bei ihnen überwiegt die Selbstkontrolle auf Kosten der Dynamik.

Unter entwickelten **Beziehungstypen 1** findet man am häufigsten den dynamischen **Beziehungstyp 1,** der durchaus auch begeisterungsfähig ist. Er wirkt freundlich und gewinnend. Die von RIEMANN beschriebene typische Distanzhaltung äußert sich eher unterschwellig. Dies gilt auch für die leicht narzißtischen, ideologischen und kritisch-abwertenden Aspekte, die durchaus nicht untypisch für den **Beziehungstyp 1** sind. Bei der gesunden Persönlichkeit zeigen sie sich ins Positive gewendet in einem ansprechenden Äußeren, einer sozialen Einstellung und eigenständigem Denken.

Obwohl der **Beziehungstyp 1** als Führungskraft meist sehr überzeugend wirkt, sind die Mitarbeiterreaktionen oft nicht so positiv, wie eigentlich zu erwarten wäre. So kann die hohe Anspruchshaltung des **Beziehungstyps 1** und seine zwar vordergründig freundliche, aber doch spürbar distanzierte Art besonders auf den **Sachtyp** überfordernd und lieblos wirken, der dann entmutigt und enttäuscht reagiert und sich zurückzieht.

Die lebendige, unkonventionelle Art des **Beziehungstyps 1** verunsichert besonders den **Handlungstyp.** Er reagiert, indem er sich vermehrt auf Regeln, Vorschriften und Zuständigkeiten beruft und darauf beharrt. Dies wiederum ärgert den **Beziehungstyp 1,** der sich eingeengt und geschulmeistert fühlt. So kann es zwischen diesen beiden zu einem angespannten Verhältnis kommen, unter dem beide leiden, der **Beziehungstyp 1** direkt und erlebnisintensiv, der **Handlungstyp** eher indirekt, indem er sich in die Arbeit flüchtet und die menschliche Seite abwehrt.

Das Verhältnis von **Beziehungstypen 1** untereinander ist meist freundlich-distanziert. Man kennt, erkennt und anerkennt sich gegenseitig, ist jedoch auf der Hut. Man schenkt einander nichts im Wettkampf, verhält sich aber fair dem anderen gegenüber. Das Verhältnis zum **Beziehungstyp 2** ist eher wechselhaft. Die größere emotionale Ausstrahlung kann auf den **Beziehungstyp 1** anziehend wirken, die etwas geringeren intellektuellen Fähigkeiten ärgerlich.

Die Stärken des **Beziehungstyps 1** als Führungskraft liegen in seinem Leistungswillen, seiner der Berufssituation angemessenen Kontaktfähigkeit und Liebenswürdigkeit sowie seinen intellektuellen Fähigkeiten. Schwierigkeiten hat der **Beziehungstyp 1** damit, anspruchsvolle Aufgaben Mitarbeitern zu überlassen, Geduld und Gelassenheit aufzubringen und einzusehen, daß auch andere Wege zum Ziel führen, daß sie nicht richtig oder falsch, sondern allenfalls zweckmäßiger oder unzweckmäßiger sind.

Die Persönlichkeitsentwicklung des **Beziehungstyps 1** läßt sich als »Entwicklungslinie Esprit« bezeichnen: in diesem Begriff ist beides enthalten, die Lebendigkeit der Ausgangspersönlichkeit und das geistige Moment der entwickelten Persönlichkeit. Ein solcher Entwicklungsverlauf bringt nicht einheitliche Mischtypen hervor, sondern auch die entwickelte Persönlichkeit zeigt strukturtypische Züge. Dies hängt damit zusammen, daß die Tendenzen der Ausgangspersönlichkeit nicht aufgegeben, sondern qualitativ verändert werden. So setzt der **Beziehungstyp 1** seine Kontaktfähigkeit nun nicht mehr naiv und manipulativ ein, sondern klug und verantwortungsbewußt. Zugleich gewinnen für ihn alle Themen des Erwachsenen-Ich 1 wie Neugierde, genaues Beobachten, Sich-Spüren und -Empfinden, Konzentration und Entspannung, Körpergefühl und Körpersprache, Erkennen und Verstehen an Faszination. Die dem Lebensbereich **Erkennen** eigenen Erfahrungen wie Stimmigkeit, Freiheit und Begeisterung erlebt er als besonders hochwertig.

Während der **Beziehungstyp 1** gefühlsmäßig rasch und spontan reagiert, nimmt er sich fürs Denken und Erkennen mehr und mehr Zeit. Es begeistert ihn und gibt ihm ein Gefühl von Unabhängigkeit, Gelassenheit und Freiheit, das er sich Schritt für Schritt erschließt. Mit seiner Persönlichkeitsentwicklung nehmen Tätigkeiten zu, bei denen Fähigkeiten des Erwachsenen-Ichs 1 erforderlich sind, zum Beispiel das Interesse an Sportarten, die hohe Konzentration verlangen, oder geistige Interessen, die analytische Fähigkeiten voraussetzen. Wenn er auf erfolgreiche Weise von diesen geistigen Fähigkeiten Gebrauch macht, fühlt er sich besonders wohl, mißlingt ihm hier etwas, so fühlt er sich entsprechend unwohl und nimmt sich den Mißerfolg übel.

Ähnliches gilt für Anerkennung, die er erhält: Anerkennung für Fähigkeiten des Erwachsenen-Ichs 1, etwa eine gute Beobachtungsgabe oder Scharfsinn, bedeutet ihm viel, während die Bestätigung seiner Liebenswürdigkeit oder Überlegenheit für den entwickelten **Beziehungstyp 1** weniger zählt, ja es ist möglich, daß er dies sogar als Abwertung erlebt. Denn er erfährt das *Mach's anderen recht!* oder das *Sei stark!* oft als lästigen Zwang oder als Unfähigkeit, sich so zu geben, wie ihm zumute ist.

Auch in der Selbstdarstellung legt er Wert darauf, den Aspekt der Klugheit zu unterstreichen: er schätzt intelligente Ästhetik, zum Beispiel gut durchdachte, formschöne Möbel, denen man die Ideen des Designers ansieht, funktionelle Wohnungen, originelle modische Kleidung. Auch seine Meinungen und Ansichten genügen kritischen Ansprüchen. Zugleich aber legt er Wert darauf, daß sie mit der Meinung jener Menschen übereinstimmen, die er schätzt. Nichts kränkt ihn mehr, als daß man ihn für dumm hält. Dadurch, daß er selbst interessierter geworden ist, kann er nun besser zuhören und wird auch interessanter für andere.

Fast alles, was für den **Beziehungstyp 1** ausgeführt wurde, gilt auch für den **Beziehungstyp 2.** Wo aber liegen die Kontraste, die überhaupt eine Unterscheidung in zwei, wenn auch verwandte Typen rechtfertigen? RIEMANN beschreibt diesen Strukturtyp so: »Er bringt eine anlagemäßige Lebendigkeit und größere Farbigkeit und Spontaneität mit. Er ist kontaktfreudiger, aber auch naiv-narzißtischer und leichter ungeduldig.« (S. 134) Diese Charakterisierung gilt freilich auch für die meisten weiblichen **Beziehungstypen 1.**

Ich sehe die Unterschiede vor allem darin, daß das Beziehungsverhalten des **Beziehungstyps 1** eher nonverbal, also durch Körpersprache ausgedrückt wird, während der **Beziehungstyp 2** mehr im Sprechen zu Hause ist; daß der **Beziehungstyp 1** eher Schwierigkeiten hat, ja zu sagen, während dem **Beziehungstyp 2** das Nein-Sagen schwerfällt. Da dies auch gegenüber dem Essen gilt, ist der **Beziehungstyp 1** oft sehr schlank, während der **Beziehungstyp 2** zu einer - wohlproportionierten - Rundlichkeit neigt.

Hier nun einige typische Ausprägungen des **Beziehungstyps 2:**

Frau G leitet ein privates Fortbildungsinstitut. Sie wirkt liebenswürdig und gewinnend. Dies wird unterstrichen durch ihre weichen, rundlichen Körperformen. Ihre Stimme klingt freundlich, mit einer Spur kindlicher Naivität. Sie legt großen Wert darauf, daß sich die Teilnehmer wohl fühlen und hat das Institut entsprechend eingerichtet: mit einladenden Sitzmöbeln in warmen und leuchtenden Farben. Blumen, Obstschalen und ansprechende Bilder vermitteln das Gefühl, willkommen zu sein. In der Arbeit mit ihr wird, fast übergangslos, die andere Seite ihrer Persönlichkeit sichtbar: klares, konsequentes und zielbewußtes Denken und Wollen. Frau G ist ein Beispiel des gewinnend-lebensklugen **Beziehungstyps 2.**

Frau S ist Leiterin einer Buchhaltung. Sie hat eine sportliche Figur. Sie spricht recht laut und hat eine erfrischend direkte Art zu sagen, was sie denkt. Sie spricht auch unangenehme Themen an und scheut sich nicht vor kritischen Auseinandersetzungen. Freilich kann sie beides mit Witz und Liebenswürdig-

keit entschärfen. Sie ist nicht nachtragend. Ihre Einstellung gegenüber ihren Mitarbeiterinnen und Mitarbeitern ist grundsätzlich positiv, der Umgang mit ihnen freundschaftlich. Sie ist eine faszinierende Erzählerin, die mit psychologisch treffenden Beobachtungen für Details und mit witzigen Formulierungen ihre Zuhörer fesselt. Frau S ist ein Beispiel des sprachgewandten, intelligenten **Beziehungstyps 2.**

Herr L arbeitet erfolgreich in einer Werbeabteilung. Er ist von ansteckender guter Laune, lebendig und schwungvoll. Seinen Kollegen gegenüber verhält er sich kollegial. Er strahlt Zuversicht und Optimismus aus, ist aufgeschlossen für kreative Einfälle und unkonventionelle Ideen. In seiner freien Zeit spielt er Violine in einem anspruchsvollen Laienorchester. Er ist ein geselliger Mensch mit einem großen und interessanten Freundeskreis. Er wohnt allein in einem bezaubernden alten Häuschen mit Innengarten, in dem er sich eine ehemalige Werkstatt geschmackvoll zu einer Wohnung um- und ausgebaut hat. Er ist ein Beispiel des lebendig-kreativen **Beziehungstyps 2.**

Frau A arbeitet im EDV-Bereich. Sie ist auffallend attraktiv, doch ihre Stimme klingt unzufrieden und kritisch-abwertend. Ihr Verhalten, besonders männlichen Kollegen gegenüber, ist widersprüchlich. Einerseits gibt sie sich im Gespräch bewußt sachlich und kühl. Doch sie kleidet sich weiblich-verführerisch und spielt ihre Reize aus, besonders gegenüber Konkurrentinnen. Ihre Kollegen flirten mit ihr. Über Männer und ihre Absichten äußert sie sich negativ. Sie ist verheiratet und streitet sich mit ihrem Mann häufig in der Öffentlichkeit. Dieser macht einen recht frustrierten Eindruck und sucht Ausgleich in einer zusätzlichen Hochschultätigkeit. Frau A ist ein Beispiel des abweisenden **Beziehungstyps 2.**

Herr G arbeitet als Rechtsanwalt in einem Anwaltsbüro. Er ist Spezialist für aussichtslos scheinende Fälle. Auch wenn er keinen Erfolg hat, so kann er doch seine Klienten bei guter Laune halten. Der Versuch einer politischen Karriere ist daran gescheitert, daß er nach anfänglichen Erfolgen verdächtigt wurde, in zwielichtige Geschäfte verwickelt zu sein. Man konnte oder wollte ihm nichts nachweisen, doch er zog es vor, sich anderen Tätigkeiten zuzuwenden. Herr G ist ein Beispiel des gerissenen **Beziehungstyps 2.**

Frau L ist Krankenschwester. Sie macht einen hektischen, unzufriedenen Eindruck. Gelegentlich neigt sie zu dramatischen Gefühlsausbrüchen. Sie wirkt erschöpft und ist relativ häufig krank. Andererseits engagiert sie sich persönlich für ihre Patienten. Im Umgang mit ihren Kolleginnen ist sie manchmal überschwenglich freundschaftlich, dann wieder kritisch und aggressiv. Diese zeigen Verständnis, da sie die schwierige Lebenssituation von Frau L kennen. Nach langjährigen Ehekonflikten kam es zu einer Trennung. Sie lebt nun mit ihrer Mutter zusammen, die auf eine ruhige und fürsorgliche Art weitgehend die Pflege der fünfjährigen Tochter übernommen hat. Das bekommt dem kleinen Mädchen gut, denn Frau L neigt dazu, ihre Tochter bis-

weilen mit Zärtlichkeiten zu überschütten, dann sie wieder links liegenzulassen. Frau L ist ein Beispiel des labilen **Beziehungstyps 2.**

Was ist nun hier der gemeinsame Nenner dieser sechs Beispiele des **Beziehungstyps 2?** Die Charakterisierung »liebenswürdig-lebendig« trifft, was das Lebendige betrifft, auf alle zu, die Liebenswürdigkeit zumindest zeitweilig. Alle entwickeln Eigeninitiative und wissen sich zu behaupten. Beruflich ist jeder auf seine Weise tüchtig. Alle verstehen es, beim anderen Hoffnungen und Erwartungen zu erwecken, die sie jedoch nicht immer erfüllen. Freilich finden sich auch beim **Beziehungstyp 2** gehemmte Menschen, bei denen das Liebenswürdig-Lebendige nur gelegentlich sichtbar wird oder, bei Lebenskrisen, sich in dramatischem Sich-gehen-Lassen ausdrückt, verbunden mit Weinkrämpfen, Wutausbrüchen und Angstzuständen.

Die entwickelte Persönlichkeit des **Beziehungstyps 2** überzeugt durch ihre Lebensklugheit. Sie wirkt ausgeglichen, ist kollegial, aufmerksam, sprachlich begabt, freundlich und auf eine realistische Weise hilfsbereit. Sie scheut sich nicht, ihren Ärger auszusprechen. Ihre pessimistische Seite äußert sich eher unterschwellig. Manchmal versteckt sie sie hinter einer aufgesetzten Zuversicht, einer besonders gesunden Lebensweise oder dem Engagement für Natur- und Umweltschutz.

Die Stärken des **Beziehungstyps 2** als Führungskraft liegen in seinem freundlichen, hilfsbereiten Wesen und seinem im Zuge seiner Persönlichkeitsentwicklung gewachsenen klaren, objektiven und folgerichtigen Denken. Seine Schwächen liegen darin, daß er zu viele Aufgaben selbst übernimmt und sich von seinen Mitarbeitern ausnützen läßt: er tut sich und den anderen einen Dienst, wenn er lernt, rechtzeitig nein zu sagen, nicht ein gefühlsmäßig abweisendes, sondern ein durchdachtes Nein.

Die »Entwicklungslinie Esprit« meint beim **Beziehungstyp 2** die Entwicklung des Erwachsenen-Ichs 2. Dabei geht es über den konkreten Realitätsbezug hinaus um das Durchdenken von größeren Zusammenhängen. Der **Beziehungstyp 2** lernt diese Fähigkeit immer mehr für sich zu nützen und den Ergebnissen seiner Erkenntnisse zu trauen. Er macht die Erfahrung, daß vieles, was als selbstverständlich gilt, keineswegs selbstverständlich ist, sondern daß sich dahinter alles mögliche verbergen kann: Schlendrian, die Angst vor Veränderungen, Bequemlichkeit, Privilegien u.ä. Und er gewinnt für sich immer mehr von jenen anderen Eigenschaften des Erwachsenen-Ichs, der wachen Aufmerksamkeit und dem bewußten Wahrnehmen. Sie verbessern nicht nur die Fähigkeiten des Nachdenkens und Erkennens, sondern vermitteln innere Ruhe. Da der **Beziehungstyp 2** bei sich seine Neigung zu Unrast und Hektik kennt, tut ihm Gelassenheit besonders gut.

10. Die Psychologie des Sachtyps

Der **Sachtyp** kann einerseits gemütlich, sinnenfreudig und pfiffig, andererseits besinnlich, aufmerksam und vernünftig wirken. Dies hängt davon ab, ob seine Persönlichkeitsbildung mehr von der ersten (um das erste Lebensjahr) oder der zweiten Phase (sechstes bis achtes Lebensjahr) des Bereichs **Erkennen** geprägt wurde. Dort ist noch alles intuitives Erkennen, hier überwiegt das rationale und logische Denken. Die entsprechende Unterscheidung in **Sachtyp 1** (intuitives Denken) und **Sachtyp 2** (rationales Denken) wäre ähnlich wie beim **Beziehungstyp** möglich, ist aber bisher nicht üblich. Deshalb soll auch hier darauf verzichtet werden. In der psychoanalytischen Diagnostik (SCHULTZ-HENCKE u.a.) wird der **Sachtyp** als depressive Charakterstruktur beschrieben[1].

Der **Sachtyp** wird in seinem Erleben und Verhalten stark bestimmt von seinem ausgeprägten Erwachsenen- oder Erkenntnis-Ich. Beim **Sachtyp 1** liegen die Stärken im Beobachten und intuitiven Denken, beim **Sachtyp 2** im logischen Denken und Durchschauen von Zusammenhängen. Hier liegt freilich auch die Gefahr, daß er zuviel und zu kompliziert denkt, sich, wie der Volksmund sagt, hinterdenkt, daß er versucht, allen Situationen und Aufgaben mit den Fähigkeiten seines Erkenntnis-Ichs zu begegnen. Dies kann zu Ungeschicklichkeit und Unbeholfenheit im Handeln und einem übermäßig harmonisierenden Beziehungsverhalten führen.

Von seinem Erscheinungsbild her wirkt der **Sachtyp** meist entspannt, wenig kontrolliert, eher gemütlich und manchmal etwas nachlässig. Er verläßt sich darauf, daß ihm die anderen mit Wohlwollen begegnen und daß die Welt ihm freundlich gesinnt ist. Er sieht mehr das Positive in den anderen, begegnet ihnen mit Vertrauen und Wertschätzung, neigt aber auch dazu, anderen gegenüber zu vertrauensselig zu sein und die Gefahren im zwischenmenschlichen Umgang zu unterschätzen. »Er idealisiert die Menschen eher, vor allem die ihm nahestehenden, verharmlost sie, entschuldigt ihre Schwächen oder übersieht ihre dunklen Seiten.« (RIEMANN, S. 62)

1 Die Bezeichnung »depressiv« führt zu vielen Mißverständnissen, denn jeder Persönlichkeitstyp kann in eine depressive Phase kommen. So spricht C. STEINER von der Therapie der Depression und meint damit die Therapie des No-Love-Scripts, also des **Beziehungstyps.** Dieser kommt häufig in einem depressiven Zustand in die Behandlung, d.h., er fühlt sich leer, ausgebrannt, verzweifelt. Doch das bedeutet nicht, daß er eine depressive Charakterstruktur hätte. Selbstverständlich behält er seine schizoide oder hysterische Persönlichkeitsstruktur auch dann, wenn es ihm schlechtgeht. Die »echte« Depression ist tatsächlich dem **Sachtyp** vorbehalten. Meines Erachtens weisen HAU (1965) und KÜHNEL (1956) zu Recht darauf hin, daß eine depressive Erkrankung »sich nur auf dem Boden einer depressiven Struktur entwickeln kann« (HAU, 1965). Während sich der **Beziehungstyp** und der **Handlungstyp** mit allen Kräften dagegen wehren, in eine depressive Haltung zu kommen, d.h. sich hilflos und schwach zu erleben, ist dem **Sachtyp** diese Haltung meist vertraut. Ja, er benützt sie in seinem Spielverhalten, um andere für sich sorgen zu lassen, sie zu ärgern oder ihnen ein schlechtes Gewissen zu machen. Dies tut er freilich nicht in bewußter und damit verantworteter Absicht, so, daß er sich selbst fragt: »Warum muß das immer mir passieren?« (BERNE)

Seine Gesichtszüge wirken eher weich. Sein Gesichtsausdruck ist ernst, beobachtend oder nachdenklich. **Beziehungstypen** sind manchmal irritiert, wie wenig oder selten sich im Mienenspiel des **Sachtyps** gefühlsmäßige Regungen zeigen. Dies hängt damit zusammen, daß er sich vorwiegend in seinem Erwachsenen-Ich oder Erkenntnis-Ich aufhält. Man weiß oft über weite Strecken nicht, was in ihm vorgeht. Dann wieder kann er sich sehr spontan verhalten, etwa wenn ihm etwas gefällt oder etwas einfällt. Er lächelt verschmitzt, gutmütig, manchmal etwas schüchtern. Wenn er lacht, was eher selten vorkommt, so lacht er laut und unkontrolliert. Er hat viel Sinn für Schönheit, Sprache, Witz und Situationskomik. Mit dieser eher sinnenhaften und gedanklichen Spontaneität handelt er sich gelegentlich Ärger ein, wenn er dabei zuwenig gefühlsmäßige Sensibilität oder diplomatische Klugheit walten läßt.

Er kleidet sich bequem, sportlich, bevorzugt Naturmaterialien und eine gesunde Ernährungsweise, ohne jedoch zu übertreiben. Er möchte sich in seinem Leben behaglich fühlen, neigt zu einer gewissen Bequemlichkeit und hat zu den Dingen des Lebens eine pragmatische Einstellung. Er erwartet besonders von ihm nahestehenden Menschen, daß sie ihn verwöhnen. Beim wenig entwickelten **Sachtyp** können Anspruch und Wirklichkeit weit auseinanderklaffen, so daß er sich vernachlässigt und schlecht für seine Bedürfnisse sorgt. Entsprechend groß sind dann seine Unzufriedenheit und Enttäuschung anderen und dem Leben gegenüber.

Der **Sachtyp** ist häufig Langschläfer. Ähnlich dem **Beziehungstyp 2** braucht er morgens eine gewisse Anlaufzeit, um in Schwung zu kommen. In seiner Arbeitsfreude ist er mehr als andere Strukturtypen von einer wertschätzenden und anerkennenden Umgebung abhängig. Er arbeitet gerne selbständig und eigenverantwortlich und, mit zunehmender Persönlichkeitsentwicklung, kraftvoll, zielorientiert und erfolgreich. Er motiviert seine Mitarbeiter dadurch, daß er verantwortungsvolle Aufgaben an sie delegiert, daß er sie anerkennt und fördert. Gefahren der Demotivation können von einem zu legeren Führungsstil ausgehen: dadurch, daß er seine Mitarbeiter zuwenig fordert und zuwenig für sie einsteht.

Der **Sachtyp** reagiert besonders empfindlich auf Ungerechtigkeiten, auf Benachteiligung und ungerechtfertigte Kritik. Obwohl er dies gelegentlich selbst unterstützt, ist es für ihn doch sehr unbekömmlich, wenn er in eine passive Rolle gedrängt wird. Da es ihm schwerfällt, sich für seine eigenen Interessen einzusetzen, braucht er vorübergehende Unterstützung durch andere. Mit berechtigter Kritik kann er gut umgehen, er ist einsichtig und lernfähig. **Sachtypen** sind häufig sogenannte Spätentwickler. Wenn sie ihre Schlüsselfähigkeiten nützen, können sie ihre Leistungen und Qualitäten über einen langen Lebenszeitraum hin auf beeindruckende Weise steigern.

Der **Sachtyp** denkt pragmatisch und differenziert. Er ist in seinem Denken beweglich, erfinderisch und schöpferisch. Er neigt aber auch zu ziellosem und grüblerischem Denken, das sich selbst verunklart und vernebelt. Dies ist dann ein Warnsignal dafür, daß er dabei ist, sein Erkenntnis-Ich mit Aufgaben zu überlasten, für deren Lösung das Handlungs- oder Beziehungs-Ich zuständig ist. Wird er in diesem Zustand mit Streß- und Konfliktsituationen konfrontiert, kann es zu vorübergehenden Blackouts im Denken kommen, er reagiert dann hilflos oder cholerisch. Rückwirkend ist auch für die Stabilität seines Erkenntnis-Ichs wichtig, daß er sein Handlungs-Ich kräftigt und daß er mit seinem Beziehungs-Ich für gesunde Zuwendung sorgt. Dadurch wird sein Erkenntnis-Ich entlastet und kann die in ihm liegenden Möglichkeiten ausschöpfen.

Voraussetzungen dafür, daß der **Sachtyp** die in seinem Erkenntnis-Ich liegenden Möglichkeiten ausschöpfen kann, sind auf der einen Seite psychische Stabilität und eine ausgeglichene Persönlichkeit. Doch dies allein genügt nicht: man muß auf der anderen Seite um diese Möglichkeiten wissen. Wir haben in unserer Kultur bisher fast nur die sinnenhaften, die intuitiven und die rationalen Aspekte des Erkenntnis-Ichs genützt. Und sicher wird sich an dieser Stelle mancher Leser fragen, ob dies denn nicht alles sei, was es darüber hinaus geben solle? Tatsächlich sagt die Transaktionsanalyse, daß diese drei Funktionen das Erwachsenen-Ich ausmachen. In der neueren Psychoanalyse dagegen hat man in den letzten Jahrzehnten entdeckt, daß es eine eigenständige Ich-Entwicklung gibt. Auch wenn dort diese Unterscheidung nicht gemacht wird, so dürfte doch damit die Entwicklung des Erkenntnis-Ichs gemeint sein. Darüber hinaus gibt es die weiterführende Ich-Entwicklung, die in den östlichen Religionen schon immer bekannt war und methodisch gefördert wurde durch meditative und kontemplative Übungen. Sie sind heute jedem Interessierten in Theorie und Praxis zugänglich, sie werden immer häufiger auch von therapeutischer Seite gutgeheißen und empfohlen. Zudem liegen zahlreiche Veröffentlichungen über experimentelle Untersuchungsergebnisse und persönliche Erfahrungsberichte vor.

Es gibt noch eine weitere Funktion des Erkenntnis-Ichs, deren Tragweite zunehmend erkannt wird. Bisher hat man Gedanken und Vorstellungen als etwas gesehen, das sich nur in unserem Kopf abspielt, in einem isolierten Raum, unverbindlich und ohne irgendwelche direkten Auswirkungen. Doch schon die Motivationsforschung hat erkannt, daß das gefühlsmäßige Erleben davon abhängt, wie eine Situation verstanden, wie über sie gedacht wird. Auch die Psychosomatik macht deutlich, daß Denken krank oder gesund machen kann. Und es spricht viel für die Hypothese, daß wir durch die Art unseres Denkens unser Lebensschicksal mitgestalten.

Sachtypen haben dafür oft ein besonderes Gespür. Schwerer fällt es ihnen hingegen, diese in ihrem Erkenntnis-Ich liegenden schöpferischen Möglichkeiten konsequent zu nützen. Denn hier sind ihre Schlüsselfähigkeiten gefordert, nämlich sich selbst wichtig zu nehmen und zu schätzen. Statt gut für sich zu sorgen, neigt der **Sachtyp** dazu, sich Sorgen zu machen. Dies ist häufig der Versuch, mit Hilfe des Denkens praktische Probleme zu lösen. Damit überfordert er seinen Persönlichkeitsbereich und mißachtet seinen Entwicklungsbereich.

Sich Sorgen machen kann aber auch bedeuten, sich um Dinge zu kümmern, auf die man ohnehin keinen Einfluß hat. Um im Handeln zu einem Ergebnis zu kommen, sind fast immer drei Faktoren notwendig: das eigene Wollen und Handeln, die Beiträge anderer und Faktoren, auf die man im üblichen Sinne keinen Einfluß hat – Zufälle, das »Glück des Tüchtigen«, Schicksal. Jemand, der klug handelt, wird alle Einflußmöglichkeiten, die er auf diese drei Faktoren hat, so positiv wie möglich nützen, darüber hinaus wird er zuversichtlich sein und sich keine Sorgen machen. Er hat ja getan, was er tun konnte. Jemand, der weniger klug handelt, wird nur einen Teil seiner Einflußmöglichkeiten nützen und sich dafür um so mehr Sorgen machen um Dinge, auf die er besser aktiv Einfluß nehmen würde, oder um solche, die außerhalb seiner Einflußmöglichkeiten liegen. Dies trägt kaum zum Erfolg bei.

Ungünstig können sich auch seine Neigungen auswirken, sich ungenau auszudrücken oder zu monologisieren, zu großzügig oder nachlässig zu sein in der Planung und der Kontrolle, irgend etwas zu übersehen oder zu vergessen. Gerade dann, wenn der **Sachtyp** Belastungssituationen ausgesetzt ist, etwa autoritärem Druck oder mißgünstiger Kontrolle von oben, können diese Fehlleistungen deutlich zunehmen. Dann bringt er sich entgegen seinen bewußten Absichten in eine Opferrolle, so daß mögliche Gegner ein leichtes Spiel mit ihm haben.

Das hängt auch zusammen mit einer Schwäche in seinem Entwicklungsbereich **Handeln** oder Eltern-Ich. Dieses hat u.a. die Funktionen, sich durchzusetzen, sich zu schützen, zu kontrollieren, zu den eigenen Bedürfnissen, Erkenntnissen und Handlungen zu stehen und sich gegen unzumutbare Ansprüche oder Kritik zu wehren. Da ihm dies schwerfällt, muß er immer wieder Enttäuschungen und Kränkungen hinnehmen. Dabei finden sich gerade unter den **Sachtypen** viele kreative Menschen, die zu eigenständigen Leistungen fähig sind. Doch sie stellen ihr Licht eher unter den Scheffel, so daß man sie »entdecken« muß. (RIEMANN, S. 104)

Gerade dann, wenn es um die Sache geht, ist der **Sachtyp** in seinem Element: er kann ihr wirklich »auf den Grund« gehen, läßt sich nicht beirren von Emotionen und Konventionen. Er sieht die Dinge unvoreingenommen und objektiv an, *sine ira et studio,* ohne Haß und Eifer. Deshalb finden sich unter Ingenieuren und Wissenschaftlern, Erfindern und Schriftstellern, Architekten und Redakteuren viele **Sachtypen.** Dazu kommt ihre besondere Fähigkeit zu einer kollegialen Zusammenarbeit. Werden ihre Begabungen anerkannt, so sind sie zu hervorragenden Leistungen fähig.

Die Persönlichkeitsentwicklung des **Sachtyps** vollzieht sich in drei Schritten. Zunächst geht es darum, das Handlungs- oder Eltern-Ich zu entwickeln. Der **Sachtyp** hat bisher vieles als ein Muß erlebt, das sich bis zum Gefühl der Überforderung steigern konnte. Jetzt verwandelt er dieses *Ich muß* . . . in ein *Ich will* . . . Er entscheidet sich dafür, die »innere Führung« zu übernehmen, sie nicht mehr abzugeben an andere oder an Umstände. Damit tritt er heraus aus dem diffusen Gefühl des magischen Einsseins der symbiotischen Verbundenheit und steht auf eigenen Beinen. Dies kann vorübergehend mit einem Gefühl fröstelnder Einsamkeit verbunden sein. Und er spürt in sich die Neigung, in die dumpfe Wärme der Abhängigkeit zurückzukriechen.

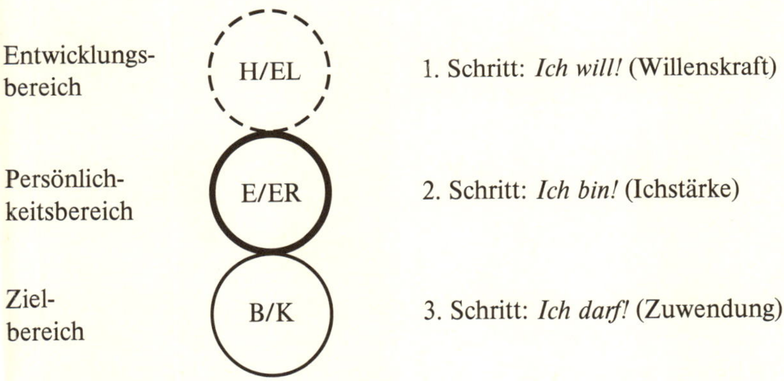

Persönlichkeitsentwicklung des **Sachtyps**

Der zweite Schritt besteht darin, sich das eigene Ich, die eigene Autonomie immer wieder bewußtzumachen und sie zu genießen. *Ich bin! – Ich bin ich! – Ich bin da! – Ich bin es, der es genießt . . . ! – Dies ist meine Welt, das bin ich!* Denn tatsächlich ist jeder eine autonome Persönlichkeit, auch wenn er so tut oder so getan hat, als wäre er es nicht. Auch hier geht es darum, sich mit Konsequenz und Ausdauer wie beim *Ich will!* das *Ich bin!* klarzumachen, immer wieder bewußt zu erleben.

Dieser gesunde Narzißmus fällt ja dem **Sachtyp** nicht ganz leicht. Entweder er ist bei der Sache, verhält sich objektiv: dann ist vom Ich wenig zu spüren. Oder er ist bei anderen Menschen, bewundert sie, kritisiert sie oder fühlt sich von ihnen bedroht. Auch dann ist er nicht bei sich. Deshalb tut es dem **Sachtyp** gut, etwas von dem zu lernen, was dem **Beziehungstyp** zur zweiten Natur geworden ist: sein Auftreten zu genießen, sich auf positive Weise in den Mittelpunkt der Aufmerksamkeit zu stellen, etwas aus sich zu machen.

Umgekehrt führen Willens- und Ichschwäche mit Sicherheit zu einem regressiven Beziehungsverhalten, zu Leid und Enttäuschung. Da man sich weder schützen noch gut für sich sorgen kann und sich völlig abhängig macht vom Verhalten des anderen, überfordert man sich; daraus entstehen Ressentiments dem anderen gegenüber. Gleichzeitig wird der andere emotional ausgebeutet. Seine Zuwendung dient nicht wirklich der Beziehung, so daß sie reich und liebevoll wird und den anderen beglückt, sondern sie wird umgesetzt in narzißtisches Wohlbefinden und die Stabilisierung des Ichs.

Beides, die Stärkung der Willenskraft und des Ichs, sind gute Voraussetzungen für eine befriedigende Beziehung. Einerseits wird er besser für seine Bedürfnisse sorgen, andererseits wird er unabhängiger in der Beziehung. Auch hier wird wieder der dialektische Zusammenhang der drei Lebensbereiche deutlich: **Beziehung** braucht den Bereich **Erkennen,** dort besonders die autonome Ich-Entwicklung, und den Bereich **Handeln,** hier für seine Bedürfnisse einstehen und sorgen, sich Erlaubnisse geben und fürsorglich sein.

11. Varianten des Sachtyps

Läßt man prominente **Sachtypen** an seinem geistigen Auge vorbeiziehen, etwa Heinz Rühmann, Lothar Späth, Woody Allen, Götz George, und fragt sich, was diese unterschiedlichen Persönlichkeiten gemeinsam haben, so ist es vielleicht das Ungeschützte. Die Beschreibung »ruhig-leger« trifft nur teilweise zu, Rühmann wirkt ruhig, Späth gilt eher als unruhig, Woody Allen macht den Eindruck, als grüble er zuviel, und Götz George spielt den Draufgänger. Und doch sind alle typische **Sachtypen.**

Der **Sachtyp** nimmt gewöhnlich eine objektive, sachliche Haltung ein. Er weiß, daß jedes Ding mindestens zwei Seiten hat, denkt differenziert und erkennt rasch Zusammenhänge. Bei dieser ausgeprägten Fähigkeit zur Objektivität kann jedoch die gesunde Subjektivität zu kurz kommen. Darauf beruht manche Situationskomik bei Rühmann oder Woody Allen, sich auch dann noch objektiv zu verhalten, wenn alle Welt ein subjektives Verhalten erwartet, z.B. in Liebessituationen. Die gewohnte objektive Haltung, die zwar dem Denken, nicht jedoch dem Fühlen oder Handeln angemessen ist, führt dazu, daß es dem **Sachtyp** schwerfällt, Stellung zu beziehen, Verantwortung zu übernehmen, Farbe zu bekennen. Statt selbst zu fordern, läßt er sich eher überfordern, statt selbst zu wollen, unterwirft er sich Sachzwängen.

Daraus resultieren dann auch die scheinbaren Widersprüche zwischen äußerer Ruhe und innerer Unruhe, äußerer Gelassenheit und innerem Verletztsein, äußerer Kompromißbereitschaft und innerlicher Rebellion. Dabei täuscht sich der **Sachtyp,** solange er sich in seinem Erkenntnis-Ich aufhält, selbst über das, was sonst in seinem Wollen und Fühlen in ihm vorgeht. Er nimmt es einfach nicht wahr. Dies kann dazu führen, daß er plötzlich explodiert oder Gefühle der Enttäuschung oder Niedergeschlagenheit ihn übermannen.

Auf der anderen Seite hat der **Sachtyp** durchaus einen Sinn dafür, die Dinge geschehen zu lassen. Er ist bereit, immer wieder dazuzulernen. Seine Intuition bewährt sich zwar nicht immer im Zwischenmenschlichen, wohl aber dort, wo es um Sachverhalte geht. Diesen Sinn für das Geschehen verbindet er oft mit einem Gespür für neue Entwicklungen und den richtigen Augenblick. In Führungspositionen findet man den **Sachtyp** ebenso häufig wie andere Persönlichkeitstypen. Bei ihm kommt die Persönlichkeitsentwicklung, die Ausbildung seiner Schlüsselfähigkeiten Wollen und Handeln, direkt seinen Führungsqualitäten zugute. Dadurch ist für ihn das Ausfüllen einer verantwortlichen Tätigkeit zwar nicht ganz einfach, doch besonders reizvoll und eine ständige Herausforderung, seine Persönlichkeit weiterzuentwickeln.

Auch beim **Sachtyp** begegnen uns typisch unterschiedliche Ausprägungen dieser Persönlichkeitsstruktur. Neben dem verständnisvoll-fürsorglichen **Sachtyp** findet man den gutmütig-aktiven, den gemütlich-pragmatischen, den ausgelassen-lebhaften und den konzentriert-konstruktiven **Sachtyp.** Als negative Varianten sind der cholerische, der rebellische und der schüchterne **Sachtyp** zu nennen.

Den aktiven und den umtriebigen **Sachtyp** könnte man mit einem **Handlungstyp** verwechseln. Beide unterscheiden sich vom **Handlungstyp** jedoch dadurch, daß sie beweglicher im Denken sind, sich unkonventioneller verhalten, daß ihre Energie weniger geformt, diszipliniert und an altgewohnte Ausdrucksformen gebunden ist. Natürlich gibt es auch **Sachtypen** mit konservativen Neigungen, die sich betont ordentlich und zurückhaltend kleiden, herkömmliche Lebensformen und Auffassungen wertschätzen, Altes lieben und sich damit oder darin wohlfühlen, alte Städte, Häuser, Möbel, Bücher, Uhren, Autos. Doch das ist etwas, das sie bewußt und im einzelnen kultivieren. Und es ist meist kein durchgängiger Lebensstil, sondern sie schaffen sich Inseln einer heilen, einer guten alten Welt. Beim **Handlungstyp** ist das anders, er kommt aus dieser Welt und hat oft umgekehrt das Bedürfnis, sich freizumachen von Konventionen und Einschränkungen.

Der ausgelassen-lebhafte **Sachtyp** wird häufig mit dem **Beziehungstyp 2** verwechselt, doch er ist in seinem Verhalten viel weniger kontrolliert. So konnte man eine Fortbildungsteilnehmerin schon von weitem daran erkennen, wie sie sich unbekümmert und lauthals vor Lachen ausschüttete; eine junge Dozentin streifte, während sie eine Diskussion leitete, unwissentlich ihre etwas zu engen Schuhe ab; ein Student führte während eines Referates immer wieder Selbstgespräche: »Wo hab' ich das jetzt?« – »Jetzt muß ich aufpassen!« Während der **Beziehungstyp** einen unsichtbaren Spiegel mit sich herumträgt, in dem er die möglichen Wirkungen seines Verhaltens überprüft, verhält der **Sachtyp** sich häufig selbstvergessen.

Nun einige Beispiele zu typischen Varianten des **Sachtyps:**

Herr V hat eine verantwortungsvolle Position an einem städtischen Theater. Er wirkt aufmerksam, auf eine zurückhaltende Weise engagiert und freundlich. Oft bringt er mit trockenen und witzigen Bemerkungen seine Mitarbeiter zum Lachen. In einer oft hektischen Atmosphäre wird er mit den verschiedensten Problemen konfrontiert. Dabei verstärkt er durch seine gelassene Art, durch aufmerksames Zuhören und ruhige Fragen die Konzentration auf das, was zu tun ist. Sein äußerlich sehr bescheidenes Auftreten, seine ruhige Art zu sprechen, seine Hilfsbereitschaft und sein freundschaftliches Interesse macht ihn zu einem ruhenden Pol. Gleichwohl weiß man, daß er sehr fleißig und tüchtig ist. Herr V ist ein Beispiel des verständnisvoll-fürsorglichen **Sachtyps.**

Herr G leitet eine Montageabteilung. Sein Auftreten ist entschlossen und tatkräftig, dabei macht er aber einen recht gutmütigen und verträglichen Eindruck, den seine kräftige, rundliche Statur noch unterstreicht. In der durchaus freundschaftlichen Zusammenarbeit sieht er vor allem die gemeinsam zu lösenden Aufgaben; dazu spornt er seine Mitarbeiter an. Seine Sprechweise ist etwas autoritär: »Leute, wir müssen zusehen, daß . . .«, obwohl er selbst keinen autoritären Eindruck macht, eher den eines Spielführers in einer Mannschaft. Er erwartet von seinen Mitarbeitern, daß sie selbständig und bereitwillig ihren Teil zur Lösung der Aufgaben beitragen. Herr G ist ein Beispiel des gutmütig-aktiven **Sachtyps.**

Frau G ist Stationsleiterin in einem Pflegeheim. Sie wirkt unkompliziert und ausgeglichen, mit sich und der Welt zufrieden und in sich ruhend. Sie sagt, was ihr gerade in den Sinn kommt, hat eine optimistische Grundhaltung und verfügt über einen gesunden Menschenverstand. Man sieht ihr an, daß sie gerne gut ißt. Sie ist nicht besonders ehrgeizig und mit dem zufrieden, was sie erreicht hat. Sie sorgt dafür, daß die Arbeit gut läuft und die Patienten und Mitarbeiter zufrieden sind. Frau G ist ein Beispiel des gemütlich-pragmatischen **Sachtyps.**

Frau A ist Bereichsleiterin und Dozentin an einer Volkshochschule. Sie wirkt offen, lebhaft und oft ausgelassen fröhlich, ihr ungezwungenes Lächeln verbreitet gute Laune. Ihr Auftreten wirkt natürlich, absichtslos und anmutig. Ihr Umgang mit Kollegen und Teilnehmern ist leger und etwas kumpelhaft, Rangunterschiede macht sie nicht. Ihre temperamentvolle Art hängt auch damit zusammen, daß sie ihre Arbeit gern tut und bei Kollegen und ihrem Vorgesetzten geschätzt und anerkannt ist. Und sie freut sich an ihren Erfolgen. Frau A ist ein Beispiel des ausgelassen-lebhaften **Sachtyps.**

Herr K ist Betriebsschlosser in einer Universitätsklinik. Er wirkt eher ernst und nachdenklich. Er steht in dem Ruf, jedes ausgefallene Gerät wieder in Gang bringen zu können. In der Regel arbeitet er rasch, verträgt es aber nicht, wenn man ihn unter Zeitdruck setzt. Obwohl er so tut, als wäre ihm Anerkennung unwichtig, steigert sie merklich seine Bereitschaft, kurzfristig aktiv zu werden. Herr K ist ein Beispiel des konzentriert-konstruktiven **Sachtyps.**

Herr C ist Ingenieur in einer Versuchsabteilung. Gewöhnlich wirkt er ruhig, etwas ernst und angestrengt. Doch seine Mitarbeiter berichten, daß er zu unkontrollierten Wutausbrüchen neigt. Ist seine Wut verraucht, verhält er sich so, als wäre nichts gewesen. Wird er mit dem zerschlagenen Porzellan konfrontiert, ist er erstaunt, als könnte er sich nur dunkel erinnern, was er Verletzendes gesagt hat. Herr C ist ein Beispiel des cholerischen **Sachtyps.**

Frau R ist Fortbildungsteilnehmerin. Während des Unterrichts beschäftigt sie sich mit anderen Dingen, spricht halblaut mit den Nachbarn und beschwert sich dann, daß der Unterrichtsstoff nicht verständlich dargestellt werde. Ihre Diskussionsbeiträge, die auf die Zuhörer entnervend und verwirrend wirken, sind Ausdruck einer tiefgehenden Unzufriedenheit. Obwohl sie sich ständig Sonderrechte herausnimmt, fühlt sie sich provoziert und benachteiligt. Sie ist dann für längere Zeit wütend und blockiert ihr Denkvermögen. Durch eine große Zahl von Fehlstunden setzt sie ihre Zulassung zur Prüfung aufs Spiel. Frau R ist ein Beispiel des rebellischen **Sachtyps.**

Herr S ist Gruppenleiter in einer technischen Abteilung. Er spricht mit leiser Stimme, wirkt sehr zurückgenommen. Man merkt ihm an, daß er viel grübelt und sich Sorgen macht. Da seine Mitarbeiter, bedingt durch ihre Aufgabenstellungen, weitgehend eigenverantwortlich arbeiten, fällt seine Führungsschwäche kaum ins Gewicht. Sie akzeptieren seinen Sachverstand, beachten ihn jedoch wenig. Es fällt kaum auf, wenn er einmal nicht da ist. Herr S ist ein Beispiel des schüchternen **Sachtyps.**

Die Qualitäten des **Sachtyps** hängen eng mit seiner Persönlichkeitsentwicklung zusammen. Seine Schlüsselfähigkeiten im Handlungs- oder Eltern-Ich sind die klassischen Führungseigenschaften: Verantwortung übernehmen und andere für die Zusammenarbeit gewinnen, sie motivieren durch Zielsetzungen, durch Ansporn und Anerkennung. Der weniger entwickelte **Sachtyp** macht entweder zuwenig Gebrauch von seinem Handlungs-Ich: dann fällt es ihm schwer, seine Mitarbeiter angemessen zu fordern und sich für sie einzusetzen; er leidet unter einem zu großen Harmoniebedürfnis, benützt seine Findigkeit dazu, sich durchzulavieren, ängstlich bemüht, nirgends anzuecken und sich nicht festlegen zu müssen, während die Mitarbeiter seine Führungsschwäche spüren und ausnützen. Oder er stützt sich auf ein wenig kultiviertes Handlungs- oder Eltern-Ich: dann zeigt sein Verhalten Züge von Rücksichtslosigkeit, es ist übertrieben hart und unnötig verletzend. Er meint, den starken Mann spielen zu müssen, verhält sich unsensibel und distanzlos. Gleichzeitig fühlt er sich hintergangen und mißachtet, und er benimmt sich »wie der Elefant im Porzellanladen«. Hinter alldem steckt meist eine gehörige Portion unausgegorener Rebellion. Verständlich, daß er sich mit diesem ungeschickten Verhalten eine Menge Ärger zuzieht.

Bei Mitarbeitern muß man immer damit rechnen, auch mit wenig entwickelten Persönlichkeiten zusammenarbeiten und zurechtkommen zu müssen. Beim **Sachtyp** darf man sich dabei nicht durch seine scheinbare Gutmütigkeit und Verträglichkeit täuschen lassen: dahinter verbirgt sich häufig Unzufriedenheit, Depression und Rebellion. Dies kann sich so auswirken, daß er in entscheidenden Momenten versagt - in einer Weise, die die Führungskraft involviert. Oder er kritisiert die Führungskraft hinter deren Rücken und zieht ihre Fähigkeiten und guten Absichten in Zweifel. Deshalb ist gerade beim **Sachtyp** als Mitarbeiter darauf zu achten, daß auf beiden Seiten mit offenen Karten gespielt wird.

RIEMANN beschreibt hauptsächlich den wenig entwickelten **Sachtyp** und hier insbesondere den depressiven, kaum den rebellischen oder cholerischen. Statt als Subjekt seines Lebens erlebt sich dieser als Objekt, in der passiven Rolle, in der Defensive. Er hat seinen eigenen Rhythmus, seinen Eigenwillen nicht entwickelt - dieses Defizit kann bis zur Selbstaufgabe gehen. Es fällt ihm schwer, seine Wünsche und Bedürfnisse durchzusetzen, statt dessen weicht er aus. Die Folge ist grenzenlose Enttäuschung.

Der depressive **Sachtyp** richtet die aus der Enttäuschung resultierende Wut gegen sich selbst. Und er entwertet das Leben - wie der Fuchs, dem die Trauben zu hoch hängen; so wird die Welt für ihn reizlos und grau. Der cholerische **Sachtyp** schluckt Enttäuschungen hinunter, macht längere Zeit gute Miene zum bösen Spiel, bis ihm der Kragen platzt und er blindwütend um sich schlägt. Der rebellische **Sachtyp** schließlich macht alle möglichen Autoritätspersonen dafür verantwortlich, daß er selbst zu kurz kommt, so als hätten andere ihn um den Erfolg und seine Lebensfreude betrogen.

Interessant bei RIEMANN ist der Hinweis auf den Zusammenhang zwischen der Ichschwäche und dem Übergewicht, das die Welt, die anderen Menschen und die Verhältnisse gewinnen. Da der wenig entwickelte **Sachtyp** seine Energie nicht in seinem Ich versammelt, wendet sie sich gegen ihn. Das erklärt, warum er sich häufig bedrückt, überfordert und geängstigt fühlt. In der Literatur wird dies auch als »Dämonisierung des Erlebens« beschrieben.

Die Literatur spricht in diesem Zusammenhang häufig von Ichschwäche, dabei bleibt jedoch völlig unklar, welches Ich gemeint ist. So hat der **Sachtyp** in der Regel ein gut ausgebildetes Erkenntnis-Ich. Die geschilderten Schwierigkeiten und Probleme resultieren dagegen aus einem wenig entwickelten Handlungs-Ich. Spricht man beim **Beziehungstyp** von Ichschwäche, so ist es bei ihm so gut wie immer eine Schwäche des Erkenntnis-Ichs, beim **Handlungstyp** dagegen eine Schwäche des Beziehungs-Ichs.

Bei der entwickelten Persönlichkeit des **Sachtyps** kommen nun zur Vernünftigkeit seines Persönlichkeitsbereichs die Tüchtigkeit seines Entwicklungsbereichs, also seine Schlüsselfähigkeiten Selbstbewußtsein, Willenskraft, Aktivität und die Fähigkeiten, anzupacken und zuzupacken. Diese Mischung aus Klugheit und Tüchtigkeit wird hier als »Entwicklungslinie Souveränität« bezeichnet. Einer schwierigen Situation aus eigenem Wissen und Können heraus gewachsen zu sein und Aufgaben erfolgreich zu lösen tut dem **Sachtyp** besonders gut.

Zu diesen persönlichkeitstypischen Schlüsselfähigkeiten gehören Energie, Tatkraft, Durchsetzungsvermögen, Schaffensfreude, das Zu-sich-selbst-Stehen, Fürsorglichkeit, Ausdauer und tragfähige Handlungsziele und -perspektiven. Der entwickelte **Sachtyp** liebt es, Eigeninitiative zu entwickeln und eine Aufgabe entschlossen und mit Unternehmungsgeist durchzuführen. Er zeigt gerne, was in ihm steckt. Gelingt ihm das, ist er hochmotiviert. Mißerfolge in diesem sensiblen Bereich **Handeln,** Behinderungen von außen oder Zweifel an seiner Tüchtigkeit können ihm sehr zu schaffen machen.

Eine zu enge Führung ist dem entwickelten **Sachtyp** lästig, und ständige Einmischungen in seinen Entscheidungsbereich können ihn nachhaltig demotivieren. Er möchte selbständig, auf partnerschaftlicher Ebene arbeiten können. Manchmal neigt er selbst zu autoritärem Verhalten oder zu eigenmächtigen Entscheidungen. Doch er berichtigt dies zumeist rasch, wenn man ihn in angemessener Form darauf aufmerksam macht.

Auch in seiner Selbstdarstellung unterstreicht er das Kraftvolle seines Entwicklungsbereichs Eltern-Ich: so fährt er gerne schwere vierradgetriebene Geländewagen, kleidet sich sportlich, bequem und zweckmäßig und identifiziert sich mit Markennamen, die seit langem für besondere Qualität stehen – dies nicht aus einer konservativen Einstellung heraus, sondern weil solche Firmennamen für ihn Potenz ausdrücken.

In der Führung von Mitarbeitern bevorzugt der **Sachtyp** einen kooperativen Führungsstil. Er kennt die Fähigkeiten seiner Mitarbeiter genau und weiß sie richtig einzusetzen. Es fällt ihm nicht schwer, ihre Tüchtigkeit und ihre Leistungen anzuerkennen. Über menschliche Schwächen kann er hinwegsehen. Schwerer fällt es ihm, seine Mitarbeiter zu fordern, zu kontrollieren oder unpopuläre und unzweckmäßige Anweisungen weiterzugeben, ohne sich mit der Unzufriedenheit der Mitarbeiter zu solidarisieren.

Seine Zusammenarbeit mit **Handlungstypen** ist meist problemlos: er schätzt ihre Zuverlässigkeit. Daß sie manchmal etwas schwerfällig und übergenau reagieren, stört ihn wenig. Die Qualität der Zusammenarbeit mit **Beziehungstypen** hängt sehr davon ab, ob diese ihm mit Wertschätzung oder Geringschätzung begegnen. Denn der **Beziehungstyp** neigt in seiner raschen und spontanen Art dazu, gegenüber dem bedächtigeren **Sachtyp** die überlegene Rolle einzunehmen und ihn zu unterschätzen. Bei gegenseitiger Wertschätzung indes kann es zu einer sehr anregenden und befriedigenden Zusammenarbeit kommen.

12. Die Psychologie des Handlungstyps

Die Persönlichkeit des **Handlungstyps** ist geprägt von seinem Handlungs- oder Eltern-Ich. Tüchtigkeit im Praktischen, Verantwortungsbewußtsein, Fürsorglichkeit, Treue, Tatkraft und natürliche Autorität sind zugleich typische Eigenschaften dieser Persönlichkeit. Im Beruflichen erlebt der **Handlungstyp** meist starke Gefühle der Verbundenheit mit dem Unternehmen und den Unternehmenszielen, aber auch seinen Mitarbeitern gegenüber. Er ist fleißig und beständig. Sein Verhalten wird stark von Konventionen und ethischen Normen bestimmt.

In der psychoanalytischen Charakterkunde wird er ganz ähnlich beschrieben: »Der gesunde Mensch mit zwanghaften Strukturanteilen ist ausgezeichnet durch Stabilität, Tragfähigkeit, Ausdauer und Pflichtgefühl. Er ist strebsam und fleißig, planvoll und zielstrebig; da er meist auf weite Ziele ausgerichtet ist, interessiert ihn mehr, was er erreichen will, als was er schon hat, weshalb er oft die Gegenwart zuwenig zu genießen versteht. Mit seiner Konsequenz, Tüchtigkeit und Zähigkeit, mit seinem Verantwortungsbewußtsein und seinem ausgeprägten Wirklichkeitssinn kann er Großes erreichen. Solidität, Korrektheit, Zuverlässigkeit, Beständigkeit und Sauberkeit - auch im übertragenen sittlichen Sinn - gehören zu seinen Tugenden. Im Gefühl ist er eher zurückhaltend, aber dauerhaft in der Zuwendung, wie er überhaupt alles auf Dauer anlegt und sich nicht leicht vom einmal Geplanten ablenken läßt.« (RIEMANN, Grundformen der Angst, S. 155)

Auch hier könnte man zwei Ausprägungen dieser Persönlichkeitsstruktur unterscheiden. Der vom Eltern-Ich 1 bestimmte **Handlungstyp 1** neigt dazu, sich kraftvoll durchzusetzen, wirkt eher leutselig und bauernschlau. Er teilt die Welt gern in Gut und Böse, in Freund und Feind. Sein Verhalten richtet sich nach volkstümlichen Mustern, und sein Humor ist eher derb. Der aus dem Eltern-Ich 2 agierende **Handlungstyp 2** ist zurückhaltender, vornehmer und mehr von kulturellen Vorbildern und Normen bestimmt. Er läßt sich von ethischen Werten leiten, fühlt sich geschichtlich gewachsenen Traditionen verpflichtet und schätzt einen kultivierten Lebensstil. Er liebt einen feinsinnigen Humor.

In der psychoanalytischen Literatur wird hauptsächlich der zwanghafte **Handlungstyp** beschrieben. Er leidet unter einem übersteigerten Sicherheitsbedürfnis, hält an Meinungen, Erfahrungen, an Einstellungen, Grundsätzen und Gewohnheiten eisern fest. »Er wird deshalb versuchen, Veränderungen zu unterbinden, aufzuhalten oder einzuschränken und, wenn es geht, zu verhindern und zu bekämpfen. Er wendet sich gegen Neuerungen, wo sie ihm begegnen . . .« (RIEMANN, 1976, S. 106) Die Persönlichkeit des Zwanghaften wird als reaktive Charakterbildung verstanden. Sie wendet sich gegen eigene Bedürfnisse und Handlungsimpulse, die infolge einer zu strengen und zu frühen Disziplinierung als böse und gefährlich erlebt wurden. Sie werden dann auch später diffamiert, unterdrückt oder bei anderen bekämpft. Dies kann sich zu reaktionären Einstellungen und Verhaltensweisen im sozialen und politischen Bereich steigern oder im privaten Leben zu neurotischen Zwangshandlungen, zu Ordnungsfanatismus, Waschzwängen oder selbstquälerischer Entscheidungsunfähigkeit.

Hier ist freilich – sowohl beim gesunden wie beim kranken Strukturtyp – nur die Ausgangspersönlichkeit beschrieben, die entwickelte Persönlichkeit des **Handlungstyps** wird nicht gesehen. Die eingangs beschriebenen positiven Eigenschaften, also das Kraftvolle, Fürsorgliche und Tüchtige, sind ebenso wie die negativen Eigenschaften, das Autoritäre, Zwanghafte und Unterdrückende, die zwei Seiten derselben Medaille, des Eltern- oder Handlungs-Ichs. Es sind die Ambivalenzen Gut und Böse, Freund und Feind, erlauben und verbieten, fördern und unterdrücken, unterstützen und bekämpfen.

Eine wirkliche Veränderung begnügt sich nicht mit bloßem Hinundherwechseln zwischen den Gegensätzen, sondern setzt ein neues, andersartiges Element voraus. Für die Persönlichkeitsentwicklung des **Handlungstyps** sind das die Wesensmerkmale des Bereichs **Beziehung** und die Fähigkeiten des Beziehungs- oder Kind-Ichs: Vertrauen, Liebe und Freundschaft, Gesundheit und ökologische Lebensqualität, Fühlen und Empfinden, Lebendigkeit, Spontaneität, Humor und Lebensfreude. Sie stehen in keinem Antagonismus zu den Eigenschaften des Handlungs-Ichs, konkurrieren nicht miteinander oder schließen einander aus. Da sie einem ganz anderen Lebensbereich oder Ich-Zustand angehören und dadurch vom Wesen her verschieden sind, gibt es die unterschiedlichsten Kombinationsmöglichkeiten: So können sich nicht nur erlaubendes und liebevolles Verhalten miteinander verbinden, sondern auch strenges und liebevolles oder erlaubendes und liebloses. Kennzeichnet die erste Kombination (erlaubend/liebevoll) die ideale pädagogische Haltung, so ist die zweite Kombination (streng/liebevoll) typisch für die liebevoll-autoritäre Erziehung der Vergangenheit. Die dritte Kombinationsmöglichkeit (erlaubend/lieblos) ist recht häufig im zeitgenössischen Erziehungsverhalten zu beobachten: für die Kinder wird gut gesorgt, sie erhalten viele Erlaubnisse und Anregungen, aber es fehlt oft die emotionale Zuwendung.

Dem **Handlungstyp** wurde bisher wohl in der psychiatrischen, nicht jedoch in der psychotherapeutischen Literatur und in verwandten Diagnostikmodellen die notwendige Aufmerksamkeit geschenkt; er wurde weit weniger als die beiden anderen Strukturtypen beachtet[1]. Womit hängt das zusammen? Auf der einen Seite kommt der neurotisch gestörte **Handlungstyp** selten freiwillig in eine psychotherapeutische Behandlung. Wenn in seinem Leben Schwierigkeiten auftreten, dann geht er davon aus, daß es an den anderen liegt und nicht an ihm selbst. Und offensichtlich eigene Probleme sucht er mit Selbstdisziplin und mit gesundem Menschenverstand zu meistern. Dabei greift er gern zu traditionellen Hilfsmitteln wie einem Fläschchen Wein oder der Ablenkung durch Mehrarbeit im Beruf, im Haus und im Garten. Dadurch gestaltet sich sein Leben recht unauffällig in herkömmlichen, mehr oder weniger bewährten Bahnen. Freilich können ihm, durch lange hinausgezögerte Problemlösungen, schwere psychosomatische Erkrankungen wie Herzinfarkt oder Krebs drohen, wobei er auch hier kaum deren psychische Entstehungsursachen akzeptieren wird.

Auf der anderen Seite haben entwickelte **Handlungstypen** ganz entscheidend mitgewirkt und beigetragen zur modernen Pädagogik und Psychotherapie. Die Pädagogik vom Kinde aus, die Entdeckung des Kind-Ichs in

1 So werden sich etwa im Struktogramm von Schirm der **Beziehungstyp 1** als Rottyp, der **Sachtyp** als Blautyp und der **Beziehungstyp 2** als Grüntyp wiedererkennen, während es für den **Handlungstyp** keine eindeutige Zuordnung gibt. Er wird sich als Mischtyp wiederfinden mit einem geringfügigen Übergewicht des einen oder anderen Persönlichkeitsbereichs. Diese Information ist wenig aussagekräftig, dafür aber auch nicht konfliktträchtig. Ähnliches gilt für die Spielanalysen von Berne. Dort finden sich zwar zahlreiche und zutreffend beschriebene Spiele der **Beziehungstypen** und des **Sachtyps.** Doch die Spiele des **Handlungstyps** werden euphemistisch und verharmlosend als *gute Spiele* beschrieben. Lüscher nennt seinen Rottyp einen »wichtigtuerischen Angeber« und »gequälten Märtyrer«. Wenn man weiß, daß gerade der **Handlungstyp** in seiner Grundhaltung bescheiden ist, paßt die Bezeichnung »Angeber« überhaupt nicht. Beide, auch der »gequälte Märtyrer«, werden aus der Sicht und mit der Brille des **Sachtyps** beschrieben – wie überhaupt die Negativformen des **Sachtyps** »gutmütiger Engel« und »unzufriedener Teufel« lesenswerte Beschreibungen sind.

der Transaktionsanalyse oder die Betonung der Gefühle, des Beziehungsverhaltens und der Spontaneität in den anderen Schulen der Humanistischen Psychologie liegen genau auf der Linie der Persönlichkeitsentwicklung des **Handlungstyps.** Hier verbinden sich, wie bei BERNE, den ich als **Handlungstyp** einschätze, Verantwortungsbewußtsein, Tüchtigkeit und Durchsetzungsvermögen mit den neuen zwischenmenschlichen Erfahrungen und Erkenntnissen.

So, wie der unentwickelte **Handlungstyp** energisch am Alten festhält und es verteidigt, setzt der entwickelte **Handlungstyp** das Neue entschlossen und tatkräftig um in gesellschaftliche Realitäten. Doch da auch der entwickelte **Handlungstyp** nicht ganz aus seiner Haut schlüpfen kann, ist er mitunter betriebsblind für die eigenen Schattenseiten. Deshalb haben **Handlungstypen** in der Praxis zwar viel, in der Theorie aber eher wenig beigetragen zur Erhellung der eigenen Persönlichkeitsstruktur und ihrer Entwicklungsbedingungen. Über den Entwicklungsbereich hinaus gilt dies besonders für ihren Zielbereich und die schwierige Frage der Ich-Identität und der Pseudoidentitäten.

RIEMANN täuscht sich, wenn er dem Zwanghaften ein aufgrund von Ungeschicklichkeit provozierendes Verhalten unterstellt[1]. Die Rolle des **Handlungstyps** ist dazu eher komplementär. Er übernimmt die rechtschaffene, strenge, bestrafende Rolle. Und er streitet sich mit dem **Beziehungstyp,** der meint, helfen zu müssen, über die richtigen Wege und Methoden, den **Sachtyp** zu bessern. Der **Handlungstyp** ist zwar hilfsbereit, doch nicht allzu gutmütig. Die Retteraktionen des **Beziehungstyps** erscheinen ihm wirklichkeitsfremd und weltverbesserisch. Auch andere dem **Handlungstyp** unterstellte Formen verdeckter Aggression wie Umständlichkeit und Trödeln oder hypochondrische Selbstbeobachtung und Klagen passen weit mehr zum **Sachtyp** oder **Beziehungstyp.**

Gerade der **Handlungstyp** verhält sich korrekt und angemessen. Er folgt seinem ausgeprägten Pflichtgefühl, übergeht Gefühle des Unwohlseins

1 »Ihm passieren immer wieder Fehlleistungen, die aus verdrängten Affekten und Impulsen, vor allem aggressiven, kommen . . .« (RIEMANN, 1976, S. 115) Dieses Verhalten kommt aus einer anderen Ecke des Drama-Dreiecks, der des rebellischen Opfers. Denn Ärger und Wut sind Gefühle, die der **Handlungstyp** nicht nur zuläßt, sondern die sogar zum Ersatz für andere Gefühle werden können. Der **Handlungstyp** tut sich besonders schwer, das Gefühl der Trauer zuzulassen. Das von RIEMANN beschriebene rebellische Verhalten ist typisch für den **Sachtyp,** der aggressive Impulse verdrängt und über Fehlleistungen auslebt, die er nicht verantworten muß und mit denen er andere ärgert oder Mitleid bei ihnen erweckt.
Damit spricht der **Sachtyp** im **Handlungstyp** die Verfolger- und im **Beziehungstyp** die Retterseite an. »Dem Ungeschickten, Linkischen, dem Tölpel ›passieren‹ dann seine Aggressionen ›ungewollt‹, scheinbar ohne Absicht. So lebt er seine unterdrückten Aggressionen und Affekte nun in der Form aus, daß ihm »aus Versehen« die kostbare Vase aus den Händen fällt, die er mit Wasser füllen sollte, daß er stolpert und die Stehlampe dabei umreißt usf. Man kann sich dann zwar über ihn ärgern, ihn aber für das, was er angerichtet hat, nicht verantwortlich machen – er genießt dadurch eine gewisse Narrenfreiheit, und man hat ihm gegenüber vielleicht sogar ein gewisses wohlwollend-mitleidiges Überlegenheitsgefühl . . .« (S. 127)

und nimmt wenig Rücksicht auf eigene gesundheitliche Schwachstellen oder Probleme. Wichtig für ihn ist, daß er regelmäßig zur Arbeit gehen kann. Er hat häufig eine handwerkliche Begabung, ist fleißig und ausdauernd, und es macht ihm Freude, daß er vieles selbst tun kann. Er liebt Handwerkszeuge und hält sie sorgfältig in Ordnung. Wohnung, Garten und Wagen sind gepflegt und ordentlich. Auch in seiner Entspannung und in seinem Vergnügen hält er sich an vorgesehene Zeiten und Orte. Seine politische Einstellung ist meist konservativ, er hält sich an das Gewohnte und Bewährte. Dabei übersieht er häufig, daß sich die Realitäten längst verändert haben.

Dem **Handlungstyp** »Machtbedürfnis« zu unterstellen ist ebenfalls etwas mißverständlich. Er ist kein Machtmensch, er strebt nicht nach Macht oder Überlegenheit um ihrer selbst willen. Dies gilt eher für den **Beziehungstyp 1.** Der **Handlungstyp** benützt Autorität, um das durchzusetzen, was er für richtig hält. Freilich, hinter seinen Wertvorstellungen und sachlichen Argumenten stehen oft unbewußte Zwänge, die einschränkend, verbietend und lebensfeindlich sind. »Das ist aber gerade das Gefährliche an der Aggression Zwanghafter, daß sie sich so oft auf Werte berufen . . .« (RIEMANN, S. 126).

Die Ambivalenzen des **Handlungstyps** liegen in seinem Persönlichkeitsbereich Eltern- oder Handlungs-Ich. Unter normalen Umständen weiß er, was er will, ist entscheidungsfreudig, konsequent und tüchtig. Doch in Belastungssituationen kann diese Tüchtigkeit umschlagen in Entscheidungsskrupel und Handlungshemmungen. Die Ursachen dafür sind frühe Verbote wie *Tu das nicht!, Spüre nicht, was du willst!* und *Fühle nicht!* aus der Zeit des zweiten und dritten Lebensjahres. Diese Einschränkungen wurden damals zugleich Herausforderungen dafür, ein starkes Eltern-Ich auszubilden. Freilich sind darin die frühen Störungen eingelagert. Eine seiner Möglichkeiten, mit solchen unbewußten Verboten zu leben, ist, sie an andere weiterzugeben.

In der Vergangenheit wurden die negativen Seiten des **Handlungstyps** eher verstärkt: er war der Prototyp des guten Untertanen und treuen Beamten, gehorsam, selbstlos, gewissenhaft, hart gegen sich und andere, ein Spiegelbild der autoritären Gesellschaftsstrukturen seiner Zeit. Damals wurde der Eigenwille des Kindes als böse angesehen und gebrochen. Die Disziplinierung wurde fortgesetzt in der Schule, in der Kirche, beim Militär und am Arbeitsplatz.

Heute unterstützen die gesellschaftlichen Bedingungen eher die positiven Seiten seiner Persönlichkeit. Eine freizügige und kindgemäße Erziehung und die Bejahung von Lebensfreude und Lebenslust fördern ihn in seiner Entwicklung. In einer Gesellschaft, die von kurzsichtigen Egoismen bedroht wird, sind sein Verantwortungsbewußtsein, seine Bereitschaft zu gemeinsamem Handeln und seine Orientierung an ethischen Zielsetzungen wertvolle Tugenden.

Der entwicklungsgeschichtlich nachfolgende Ich-Zustand und Lebensbereich sind das Kind- oder Beziehungs-Ich und der Bereich **Beziehung.** Sie kommen in der Entwicklung zu kurz, weil sich das Kind noch immer mit den Themen der zurückliegenden Entwicklungsphase herumschlägt. Sie werden mit weniger Energie besetzt. So entstehen beim **Handlungstyp** ein Defizit an Lebensmöglichkeiten und -erfahrungen im Bereich **Beziehung** und eine Kind-Ich- oder Beziehungs-Ich-Schwäche. Sie wirkt sich so aus, daß er in Belastungssituationen wenig Verständnis zeigt und Rücksicht nimmt auf Kind-Ich-Bedürfnisse wie Spiel und Spaß, Erholung und Vergnügen, Spontaneität und Emotionalität. Andererseits sind das Erlebnisse, die ihn besonders anziehen und die er, wenn er einmal Geschmack daran gefunden hat, intensiv pflegt. Ein weiblicher **Handlungstyp** schilderte dies so: »Als Kind habe ich das, was ich getan habe, als Kind meiner Eltern getan. Meine Erfolge, damals, dann in der Schule und auch noch im Studium, waren nicht meine, sondern ihre. Dann war ich die Frau meines Mannes, mein Leben wurde ganz von dieser Rolle bestimmt. Jetzt will ich das nicht mehr. Ich will herausfinden, wer ich selbst bin.«

Verglichen mit dem **Beziehungstyp** gibt sich der **Handlungstyp** unauffälliger, konservativer und bescheidener, im Vergleich zum **Sachtyp** kraftvoller, ordentlicher und weniger flexibel. Da er aus der machtvollen Position des Eltern-Ichs kommt, braucht er diese nicht anzustreben. Positiv wirkt sie sich aus in einem großzügigen, erlaubenden und unterstützenden Verhalten, negativ im Befolgen einengender Vorschriften. Er neigt zu praktischen Problemlösungen, auch dort und dann, wenn es unangemessen ist. Dieses »Probehandeln« findet oft in seiner Vorstellung statt.

Auch in Beziehungen tendiert er dazu, den anderen zu »behandeln«. Besonders der in Gefühls- und Beziehungsangelegenheiten empfindsam reagierende **Beziehungstyp** erlebt dies als Bevormundung und Kränkung und reagiert entsprechend heftig. Da der **Handlungstyp** häufig gefühlsmäßig unsicher reagiert, hält er sich lieber an vorgegebenes Rollenverhalten. »Als ich mit meiner Freundin noch zusammen war, war ich sicher, daß wir uns liebten. Aber jetzt bin ich mir nicht mehr sicher.«

Der **Handlungstyp** fühlt sich wohl und sicher in einem entsprechenden äußeren Rahmen. Während der **Beziehungstyp** Institutionen oft als einengend erlebt oder sie zu seinen Zwecken gebraucht und der **Sachtyp** die damit verbundenen Abhängigkeiten als belastend empfindet und sich am liebsten selbständig machen würde, fühlt sich der **Handlungstyp** in ihnen recht wohl. Sie geben ihm die Sicherheit, das Richtige zu tun, und die Anforderungen, die Institutionen stellen, wie Loyalität, Einsatz und Ausdauer, sind Tugenden, die ihm liegen.

In seinem Zielbereich Erwachsenen-Ich oder **Erkennen** neigt er dazu, Identifikation mit Identität zu verwechseln. Die Identifikation mit einer Rolle – »Ich bin Regierungsrat« oder »Ich bin ein Mann« – führt leicht zu Pseudoidentitäten, die das wirkliche Ich oder Selbst verstellen. Er verliert die Sensibilität für das Ich, das nicht inhaltlich zu bestimmen ist. Und er entwickelt ihm gegenüber eine Art *horror vacui*, die Angst vor der Leere. Zugleich schränken ihn diese Identifikationen in seiner Handlungsfreiheit und Menschlichkeit ein, denn sie beinhalten Verhaltensvorschriften: »Als Regierungsrat muß ich ...«, »Ein Mann muß ...«.

Die Persönlichkeitsentwicklung des **Handlungstyps** beginnt in seinem Kind- oder Beziehungs-Ich. Die Fähigkeiten des freien Kind-Ichs ermöglichen es ihm, sich spontan und kreativ zu verhalten, sein Leben zu genießen und anderen gegenüber auch emotional zu reagieren. Er wird auf sein körperliches Wohlbefinden achten, sich gesund ernähren und ausreichend schlafen. Er wird sich gerne zusammen mit anderen körperlich betätigen, wandern oder Sport treiben. Und er wird zunehmend Verständnis und Mitgefühl für die menschlichen Bedürfnisse seiner Mitarbeiter haben.

Gerade die neueren Richtungen in der Humanistischen Psychologie, die Gesprächstherapie nach ROGERS, die Gestalttherapie nach PERLS oder die Transaktionsanalyse nach BERNE und seinen Mitarbeitern haben die Bedürfnisse und Gefühle, das Beziehungsverhalten und das Kind im Manne oder der Frau wiederentdeckt. Sie sind dem **Handlungstyp** auf den Leib geschrieben, ihre Intentionen liegen ganz auf seiner Entwicklungslinie, und er ist bei ihnen gut beraten und gut aufgehoben. Leider hindern seine konservative Haltung, seine Vorurteile ihn oft daran, von diesen Möglichkeiten Gebrauch zu machen.

Dafür neigt er zu herkömmlicheren Formen der Entspannung und »Enthemmung«, er trinkt gerne ein oder mehrere Gläser Bier oder Wein. Verbunden mit Maximen wie: »Ein richtiger Mann muß etwas vertragen können!« oder »Trinken gehört zu einem guten Leben!« kann dieses gewohnheitsmäßige »Entspannungstrinken« ganz allmählich in Alkoholismus münden. Er ist dann besonders gefährdet, wenn er auch größere Mengen Alkohol gut verträgt. C. STEINER führt als tragischen Skriptausgang beim *No-Joy-Script* die Sucht auf.

Die Entdeckung des Kind-Ichs im Erwachsenen und der hohe Wert, der ihm in der therapeutisch ausgerichteten Transaktionsanalyse beigemessen wird, sind eine entscheidende Bereicherung nicht nur für die Psychotherapie, sondern überhaupt für unser Bild vom Menschen. Nun gilt es, dem Kind in uns zu erlauben, daß es seine Bedürfnisse verwirklicht. Dabei muß der **Handlungstyp** besonders darauf achten, daß er nicht über die Stränge schlägt und damit seinem kritischen und einschränkenden Eltern-Ich recht gibt.

Damit sind wir beim zweiten Schritt, der Entfaltung des Persönlichkeitsbereichs Eltern- oder Handlungs-Ich, also des Ich-Zustands, aus dem er herkommt. Um vom kritisch-einschränkenden ins fürsorglich-erlaubende und schützende Eltern-Ich wechseln zu können, muß der **Handlungstyp** meist erst seine Einstellungen ändern. Da diese von Eltern und Elternfiguren übernommen wurden, spiegeln sich häufig Lebensauffassungen früherer Generationen wider. Nach der damaligen »Pädagogik« galt es, den »bösen« Eigenwillen des Kindes zu brechen, angepaßt und brav zu sein und Abweichungen von dieser Linie hart zu bestrafen.

Deshalb sind die neueren, liberaleren und demokratischeren Tendenzen in diesem Jahrhundert für den **Handlungstyp** besonders bekömmlich, wenn auch schwer verdaulich. Denn sie verunsichern ihn, reizen ihn zum Widerspruch. Ungezwungenere Lebensweisen konfrontieren ihn mit dem Preis, den er als Kind für seine eigenen, schmerzhaften Beschränkungen bezahlt hat. Nun erscheint die Anpassung an die unterdrückende Erziehung seiner Eltern noch im nachhinein als sinnlos. Wenn er ehrlich ist, muß er zugeben, daß die häufig zu hörende Scheinfrage: *Hat uns das etwa geschadet?* leider bejaht werden muß.

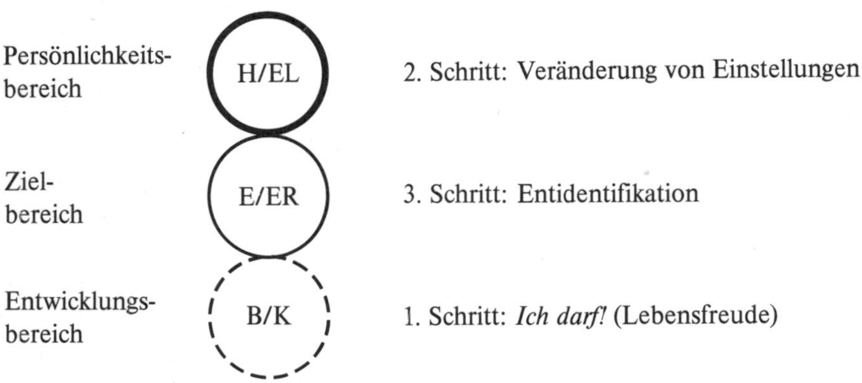

Persönlichkeitsentwicklung des **Handlungstyps**

Der dritte Schritt ist die Weiterentwicklung des Erkenntnis-Ichs, des Ichs im eigentlichen Sinne: ein doppelt schwieriges Thema, weil es in unserer Kultur eben kein Thema mehr - oder noch nicht wieder ein Thema ist. Gerade hier, in dem relativ fremden Bereich **Erkennen** und Ich-Entwicklung ist es notwendig, sich der Eigengesetzlichkeiten dieses Bereiches besonders bewußt zu sein und ihnen zu entsprechen. Zugleich wird hier wieder der wechselseitige Zusammenhang der drei Lebensbereiche deutlich. Ein gesundes Handlungs- und Beziehungs-Ich sind gute Voraussetzungen für eine erfolgreiche Verwirklichung des Erkenntnis-Ichs, also der Ich-Entwicklung im engeren Sinne.

13. Varianten des Handlungstyps

Beim **Handlungstyp** beeindrucken sein Verantwortungsbewußtsein und seine Verantwortungsbereitschaft, das Solide und Zuverlässige, das seine Persönlichkeit ausstrahlt, seine Solidarität mit den Mitarbeitern und dem Unternehmen, seine Ausdauer, sein Fleiß und seine Tüchtigkeit. Wenn er seine im Beziehungs- oder Kind-Ich liegenden Schlüsselfähigkeiten realisiert, so ist das, wie wenn nach langen Schlechtwettertagen die Sonne durchbricht, wird er doch in der klassischen Diagnostik als zwanghafte Charakterstruktur beschrieben. Wenn ein solcher Mensch lebendig wird, Humor zeigt und gerne lacht, das Leben genießt und sich daran erfreut, so ist dies eine wohltuende und erfreuliche Veränderung.

Für die entwickelte Persönlichkeit des **Handlungstyps** wird das, was er bisher oft übergangen hat, das Zwischenmenschliche, das Sich-Einfühlen und Mitfühlen, zunehmend wichtiger. Nun kommen zur Tüchtigkeit seines Handlungs-Ichs die Spontaneität und Liebenswürdigkeit seines Beziehungs-Ichs. Man könnte dies als »Entwicklungslinie Spontaneität« bezeichnen, worunter eine emotionale Spontaneität zu verstehen ist, nicht eine intellektuelle.

Beim entwickelten **Handlungstyp** fallen drei Eigenschaften besonders auf: seine Kameradschaftlichkeit, sein herzliches Lachen, seine Freude am Leben. Neben der praktischen Seite der Zusammenarbeit gewinnt die menschliche für ihn immer mehr Bedeutung. Mit seiner wachsenden emotionalen Sensibilität legt er immer größeren Wert darauf, daß auch die menschliche Seite der Zusammenarbeit stimmt. Und er empfindet es als schmerzlich, wenn dies nicht so ist.

Sein Lachen hat mehr mit Humor als mit Witz zu tun. Auch hier überwiegt das Gefühlsmäßige, Herzliche gegenüber dem scharfsichtigen und intellektuellen Witz. Und statt nur zu arbeiten, beginnt er das Leben zu genießen, ißt und trinkt gerne und gut, hat Freude an gemeinsamen sportlichen Betätigungen, wandert, läuft Ski oder entdeckt, daß auch das Faulenzen Spaß machen kann. Dabei bewegt er sich mit seinen Freizeitaktivitäten zunächst eher im traditionellen Rahmen - Kegeln, Feste feiern, Vereinsaktivitäten. Und man kann beobachten, daß er auch hier sich tüchtig verhält, also ausdauernd, gut ausgerüstet und beständig.

RIEMANN beschreibt wieder die wenig entwickelte, zwanghafte Persönlichkeit. Dieser **Handlungstyp** folgt starren Prinzipien und Regeln. Er provoziert seine Mitarbeiter zu Widerspruch und Widerstand. Er erkennt nicht, daß dies Folgen seines einschränkenden Verhaltens sind, das im Mitarbeiter nur die Arbeitskraft und nicht den Menschen sieht. Und er interpretiert ihre berechtigte Unzufriedenheit als Charakterschwäche.

Besonders für den **Beziehungstyp** ist das unpersönliche und bürokratische Verhalten des unentwickelten **Handlungstyps** kaum erträglich, und es ist möglich, daß er seinen Ärger lebhaft äußert. Doch dieser **Handlungstyp** wird seine Methoden kaum lockern, sondern noch straffer und konsequenter auf Vorschriften, Dienstwegen und Regeln beharren. Der **Sachtyp** kommt mit dem zwanghaften **Handlungstyp** etwas besser zurecht, denn er schätzt dessen Verläßlichkeit.

Doch kehren wir zurück zur entwickelten Persönlichkeit des **Handlungstyps.** Gerade bei Führungskräften hat mich beeindruckt, wie viele Menschen von diesem Strukturtyp sich in ihrer freien Zeit sozial engagieren. Einer, der nach dem Motto zu leben scheint »Dienst ist Dienst und Schnaps ist Schnaps«, engagiert sich für ein Selbsthilfeprojekt in Südamerika, kümmert sich vor Ort darum und leitet hier einen Verein zu dessen Unterstützung; ein Bauunternehmer kauft große Flächen Brachland auf, um es aufzuforsten und Biotope anzulegen; ein anderer engagiert sich für die Rettung der Schmetterlinge, wieder ein anderer ist in der Drogenberatung tätig.

Typische positive und negative Beispiele des **Handlungstyps** sind der fürsorglich-anteilnehmende, der unterstützend-kameradschaftliche, der verantwortungsbewußt-humorvolle, der kreativ-menschliche und daneben der autoritäre, der bürokratische und der reaktionäre **Handlungstyp.**

Frau F leitet eine Schreibabteilung. Sie nimmt sehr viel Anteil am beruflichen, aber auch am persönlichen Wohlergehen ihrer Mitarbeiterinnen. Da die Abteilung in absehbarer Zeit aus Rationalisierungsgründen aufgelöst wird, setzt sie sich sehr dafür ein, daß ihre Mitarbeiterinnen neue Arbeitsplätze im Unternehmen finden. Man spürt ihr menschliches Engagement. Sie macht sich große Sorgen um einzelne Mitarbeiterinnen, die zuwenig Eigeninitiative entfalten, um ihre berufliche Zukunft zu sichern. Frau F ist ein Beispiel des fürsorglich-anteilnehmenden **Handlungstyps.**

Herr U ist Abteilungsleiter in der Kundenbetreuung. Er hat zu seinen Mitarbeitern ein kameradschaftliches Verhältnis, und es bestehen zwischen ihnen und ihm zahlreiche freundschaftliche Beziehungen. Er engagiert sich beim Betriebssport und hilft mit, Betriebsfeste und -ausflüge zu organisieren. Seine Freunde schätzen ihn als hilfsbereit und verläßlich. In den Jahren, als es zuwenig Ausbildungsplätze für Jugendliche gab, setzte er sich besonders für die Schaffung zusätzlicher Lehrstellen ein. Er kümmerte sich persönlich um Mitarbeiter, die berufliche oder private Probleme hatten, und unterstützte sie mit Rat und Tat. Herr U ist ein Beispiel des unterstützend-kameradschaftlichen **Handlungstyps.**

Herr V ist Arzt und Lehrtherapeut. Auf der einen Seite legt er Wert auf eine gründliche »handwerkliche« Aus- und Fortbildung. Doch die Rahmenbedingungen der Ausbildung sind großzügig und auf die unterschiedlichen Bedürfnisse des einzelnen Teilnehmers ausgerichtet. In seinen Aus- und Fortbildungsgruppen herrscht eine ungezwungene und frohe Atmosphäre. Es wird erstaunlich viel und herzlich gelacht. Sein wichtigstes Anliegen ist es, dem »freien Kind«, also dem Beziehungs-Ich des einzelnen, Schutz und Erlaubnisse und damit Spielraum und Entfaltungsmöglichkeiten zu geben. Er bestätigt das Sprichwort »Lachen ist die beste Medizin« bzw., in seinem Fall, ». . . die beste Therapie«. Herr V ist ein Beispiel des verantwortungsbewußt-humorvollen **Handlungstyps.**

Herr S ist Architekt und führt zusammen mit einer Innenarchitektin ein eigenes Architekturbüro. Nach einer erfolgreichen Tätigkeit erkrankte er vor etwa sieben Jahren unerwartet schwer. Darauf änderte er zunächst seine äußeren Lebensgewohnheiten. Nachdem er zuvor zuviel gearbeitet, geraucht, getrunken und gegessen hatte, nahm er sich jetzt mehr Zeit für seine Familie und seine Hobbys und lebte bewußt gesünder. Da ihm der psychosomatische Zusammenhang zwischen seiner Lebenshaltung und der Erkrankung klar war, gab er seinem Leben eine andere Richtung. Er gönnte sich mehr Erholung und Lebensfreude. Auch seine Auffassung von Architektur veränderte sich. Er ging nun der Frage nach: Was ist gesundes Wohnen? Was trägt im Wohnbereich zum Wohlbefinden bei? Er bevorzugte nun Naturmaterialien beim Bauen, beachtete spielerische, ästhetische und ökologische Gesichtspunkte. Herr S ist ein Beispiel des schöpferisch-menschlichen **Handlungstyps.**

Das Beispiel des Herrn S ist nicht untypisch für den entwickelten **Handlungstyp.** Häufig ist der Anlaß für die Entfaltung seiner Persönlichkeit ein grundlegender Wandel in seiner Einstellung. Dann werden die sogenannten analen Tugenden wie Ordnung, Sauberkeit und Fleiß, die vielfach gegen die eigenen Bedürfnisse und Gefühle gerichtet sind, ergänzt und erweitert durch eine vertrauende und erlaubende Haltung, und schließlich setzt sich ein lebensfrohes, liebevolles und kreatives Verhalten durch.

Vergleichbare Umbrüche lassen sich im gesellschaftlichen Leben beobachten. Sie machen auch die Ängste und das Konfliktpotential deutlich, die besonders nach dem ersten Wegdrittel spürbar werden. Ein Beispiel ist die Ablösung der alten, autoritären Erziehung durch die »Pädagogik vom Kinde aus«. Für die alte Pädagogik waren Kinder kleine Wilde, die man erziehen, denen man den »bösen« Eigenwillen brechen mußte. Die moderne Pädagogik glaubt an das Gesunde im Kind, an seine Wachstums- und Entwicklungskräfte, die es zu unterstützen gilt.

Ähnliches gilt für die Resozialisierung von Straftätern. Was soll im Vordergrund stehen, Strafe und Abschreckung oder die Förderung beruflicher und sozialer Fähigkeiten und Fertigkeiten? Es ist sicher kein Zufall, daß einige der bedeutendsten Pädagogen, Pestalozzi, Bernfeld oder Makarenko, ihre erzieherischen Erfahrungen mit verwahrlosten und straffälligen Kindern und Jugendlichen gesammelt haben. Ihre vertrauende und erlaubende Haltung, verbunden mit Konsequenz und praktischer Lebenshilfe, hat sich bewährt und viel mehr bewirkt, als mit Strafe und Strenge möglich gewesen wäre.

Noch deutlicher als beim **Beziehungs-** oder **Sachtyp** sind die verschiedenen Ausprägungen des **Handlungstyps,** also der fürsorgliche, kameradschaftliche, humorvolle und kreative, nur die verschiedenen Seiten einer Persönlichkeitsstruktur. Dies dürfte mit der typischen Bescheidenheit des **Handlungstyps** zusammenhängen: es geht ihm nicht so sehr darum, sich persönlich zu profilieren. Gewöhnlich hält er sich eher etwas zurück und stellt seine Person in den Dienst einer Aufgabe. Dies gilt auch für die negativen Ausprägungen dieses Strukturtyps:

Herr A ist Leiter einer Tiefbaufirma. Seine Mitarbeiter und Mitarbeiterinnen haben es schwer mit ihm. Er behandelt sie wie ein strenger Vater, selbstgerecht und bestimmend. Seitdem er private Probleme hat, verhält er sich auch in der Firma mißtrauisch. Wenn er meint, sein Mißtrauen sei berechtigt, behandelt er seine Mitarbeiter feindselig und wie kleine Kinder, die bestraft werden müssen. Herr A ist dabei fest überzeugt, daß er recht hat. So haben in den letzten Jahren viele Mitarbeiterinnen und Mitarbeiter die Firma verlassen, weil sie diese Behandlung nicht ertragen konnten oder wollten. Herr A ist ein Beispiel des autoritären **Handlungstyps.**

Frau B ist Pflegedienstleiterin in einem Altersheim. Sie ist u.a. zuständig für Arbeitsmittel und Material. Ihre äußerste Sparsamkeit und ihre Vorschrift, über die Verwendung z.B. der Putz- und Reinigungsmittel genauestens Rechenschaft abzulegen, führten dazu, daß teilweise überhaupt keine Putz- oder Reinigungsmittel benützt werden. Mitarbeiterinnen, die sich nicht bereitwillig ihrem Führungsstil unterordnen, werden zwar scheinbar freundlich behandelt, aber in der Einteilung der Arbeit benachteiligt. Auffallend ist die kleine, aber gestochen scharfe Handschrift von Frau B. Frau B ist ein Beispiel des bürokratischen **Handlungstyps.**

Herr R ist Lehrer für naturwissenschaftliche Fächer. Er ist außerordentlich fleißig. Selbst am Wochenende sitzt er über Korrekturen, Vorbereitungen oder der Ausarbeitung von Lehrplänen und Prüfungsarbeiten im Auftrag vorgesetzter Behörden. Er hat eine Vorliebe für eine Lebensgestaltung im Stile des 19. Jahrhunderts. Was zunächst wie eine liebenswerte Eigenheit aussah, wurde für ihn immer mehr zu einer Abwehrhaltung gegenüber der Gegenwart. Auch in seiner politischen Einstellung rückte er immer weiter nach rechts außen. Seine Familie, besonders seine Frau, litt unter seiner altväterlichen Haltung, und sie lebten sich innerlich auseinander. Herr R ist ein Beispiel des reaktionären **Handlungstyps.**

Die häufigste Ausprägung des **Handlungstyps** ist die etwas zurückhaltend-fürsorgliche, wobei das Ordentlich-Kraftvolle den Hintergrund bildet. Verantwortlich, tüchtig und hilfsbereit und bei aller natürlicher Autorität im Berufsleben freundschaftlich und solidarisch gegenüber den Mitarbeitern und dem Unternehmen, ist er ein angenehmer Zeitgenosse. Die Voraussetzung dafür freilich ist, daß er seine Schlüsselfähigkeiten Vertrauen, Sympathie und Spontaneität ausreichend entwickelt hat. Das macht ihn aufgeschlossen und beweglich.

Gerade in unserer heutigen Zeit, in der viele nur auf ihren eigenen Vorteil und ihr Fortkommen bedacht sind, wirken sich die Tugenden des entwickelten **Handlungstyps** besonders wertvoll aus. Sein Verantwortungsgefühl für das gemeinsame Wohl, seine fürsorgliche Haltung und sein soziales Engagement, das nicht aus einer Retterposition kommt, sondern seiner üblichen Tüchtigkeit entspricht, sind ein im positiven Sinne konservativer und stabilisierender Faktor.

Teil III

Spiele und Alternativen

14. Wie lassen sich Spiele analysieren?

Weiß mußte einige Installateurarbeiten vornehmen lassen und besprach die Kosten sehr sorgfältig mit dem Installateur, ehe er ihn mit den Arbeiten beginnen ließ. Es wurde ausdrücklich ein Festpreis vereinbart. Als der Installateur seine Rechnung vorlegte, hatte er einige Dollar für unvorhergesehene Materialkosten berechnet - ein Ventil zu vier Dollar bei einer Gesamtrechnung von 400 Dollar. Weiß wurde wütend, rief den Installateur an und verlangte eine Erklärung. Der Installateur wollte nicht nachgeben. Weiß schrieb ihm daraufhin einen langen Brief, zweifelte seine Anständigkeit und Moral an und weigerte sich, die Rechnung zu bezahlen, solange nicht die zusätzlichen Kosten gestrichen wurden. Schließlich gab der Installateur nach.

BERNE bringt dieses Beispiel in seinem Buch über Spiele im Kapitel *Jetzt hab' ich dich endlich, du Schweinehund!*. Er berichtet dort weiter, daß Weiß diese Art des rachsüchtigen Zuschlagens bei sich gut kannte, daß er schon immer auf solche Gelegenheiten gewartet, sie mit Vergnügen aufgegriffen und weidlich ausgenützt hatte. Doch er meint, daß auch der Installateur mitgespielt hat, und zwar eine Variante des Spiels *Warum muß das immer mir passieren?*.

1964 veröffentlichte ERIC BERNE seine Untersuchungen über das, was er »Spiele« nannte - *Games People Play*. Dieses Buch wurde in den nächsten Jahrzehnten zu einem Weltbestseller. BERNE besaß in besonderem Maße die Fähigkeit, zwischenmenschliche Situationen genau und unvoreingenommen zu beobachten. Er untersuchte manipulative Verhaltensweisen auf ihre verborgene Dynamik und ihre gesetzmäßigen Abläufe hin. Obwohl *Spiele der Erwachsenen* viel gelesen wurde, ist schwer abzuschätzen, ob und inwieweit seine Entdeckungen Einfluß auf die etablierte Psychotherapie gewonnen haben. Das mag damit zusammenhängen, daß seine Spielanalysen eher literarischen Charakter haben - ein Eindruck, den die umgangssprachlichen Bezeichnungen der Spiele unterstreichen. Dazu kommt, daß die Funktionsweise der Spiele nicht leicht zu verstehen ist. Man muß umdenken, sich daran gewöhnen, das Kausalitätsgesetz auf den Kopf zu stellen. Dieses Andersherum-Denken ist zwar nichts Ungewöhnliches für einen tiefenpsychologisch geschulten Leser, doch ist man immer wieder verblüfft, wenn man mit Spielabläufen in der Praxis konfrontiert wird.

So wertet ein Machtspieler wie Herr Weiß andere nicht deshalb ab, weil sie ihn enttäuscht haben, sondern er sorgt zuerst dafür, daß sie ihn enttäuschen, damit er sie dann abwerten kann. Die scheinbare Folge ist also die eigentliche Ursache, nämlich sein Drang, andere abzuwerten. Und die scheinbare Ursache, das Versagen des anderen, wurde von ihm geschickt vorbereitet und eingefädelt. Zwar kann er den anderen nicht dazu zwingen, in die aufgestellte Falle zu tappen, aber er kann ihn dazu verleiten.

Verwirrung im Sinne einer systematischen Spielanalyse mußten, wie schon erwähnt, die Namen stiften, die BERNE den Spielen gab. Denn manchmal beziehen sie sich auf den Einstieg ins Spiel, manchmal auf die Spielmitte oder auf den Spielausgang. So bezeichnet *Du siehst, ich gebe mir wirklich die größte Mühe* das anfänglich gutmütig erscheinende Verhalten eines Opferspielers. Die Opferspiele *Blöd, Holzbein* oder *Schlemihl* beschreiben, wie ein Opferspieler seine verdeckten Aggressionen auslebt, sich dumm, vorwurfsvoll, widerwillig oder ungeschickt anstellt. Auch die Bezeichnung des Machtspiels *Jetzt hab' ich dich endlich, du Schweinehund!* zielt auf die Phase der Durchführung ab, also der Spielmitte. Und *Warum muß das ausgerechnet immer mir passieren?* bezeichnet ein Opferspiel vom Spielende her, wenn der Betroffene zu spät erkennt, daß er in der Falle sitzt.

In dem Spiel *Dem Burschen woll'n wir mal ein Ding verpassen* soll eine Rechnung mit jemandem beglichen werden, im Spiel *Das große Geschäft* planen Gauner ein »ganz großes Ding«. In beiden Fällen suchen sie einen Dummen, der für sie die Kastanien aus dem Feuer holt. Ist dieser ein Mensch mit unbewußten Neigungen zu Opferspielen, so wird er es schließlich sein, der in der Falle sitzt, denn darum geht es bei beiden Spielen. Weder soll das »große Geschäft« gelingen, noch soll »dem Burschen« wirklich etwas passieren: das sind nur die scheinbaren Zielvorgaben für den, der ihnen auf den Leim gehen soll.

Ich hatte zunächst Zweifel daran, ob dies überhaupt ein Spiel sei, zumindestens was die Gauner betrifft. Mir schien es so, als würden sie die Falle bewußt errichten – dann wäre es kein Spiel. Denn grundsätzlich gilt, daß Spiele immer aus einem unbewußten Antrieb heraus gespielt werden, das heißt, der Spieler täuscht sich zunächst selbst über seine Absichten und ist überzeugt, es gut mit dem anderen zu meinen. Deshalb wirken seine Spielangebote recht unverdächtig. Auch der Mitspieler hält den anderen für ehrlich, sonst könnte er die Spieleinladung nicht annehmen. Doch unbewußt »wissen« beide, daß hier ein Spiel gespielt wird, und deshalb sehen sie beide nicht so genau hin und lassen sich gerne täuschen: der Machtspieler wittert die Chance eines unfairen Sieges, der Opferspieler die einer unfairen Niederlage. So bekommt jeder, was er unbewußt will.

Auch beim obigen Beispiel helfen die genauen Beobachtungen BERNES weiter. Die Reaktionen der Betrüger nach dem Spiel zeigen eine gewisse Betroffenheit. Zunächst sind die Betrüger überzeugt, es gut zu meinen mit ihrem Mitspieler und sich an die ungeschriebenen Gesetze der Ganovenehre zu halten. Sie behaupten von sich selbst, nichts dafürzukönnen, daß ihr Mitspieler hereingefallen ist. Sie genießen zwar ihre Schadenfreude, haben aber auch ein etwas schlechtes Gewissen. Deshalb nehmen sie es ihrem Mitspieler nicht übel, wenn er sie beschimpft, solange er nicht versucht, sie mit hineinzuziehen. »Merkwürdigerweise setzt man voraus, daß der übertölpelte Gimpel die Regeln des Spiels kennt und sich an sie hält.« (BERNE) Diese »Kenntnis der Spielregeln« ist jenes unbewußte Wissen, das »Opfer« und »Täter« von Anfang an verbindet.

Diese Art Spiele sind etwas anderes als das, was man gewöhnlich unter Spielen versteht, also einem vergnüglichen, nach Regeln gestalteten und vom Realitätsdruck entlasteten Verhalten. Sie sind destruktiv, unehrlich und leidvoll - auch dann, wenn sie vorübergehend mit Hoffnungen, Faszination und Erregung verbunden sind. Wie beim Konsum von Drogen können sie ein trügerisches Gefühl von Befreiung und Glück vermitteln, das in um so tiefere Leere und Abhängigkeit mündet. Und wie beim Suchtverhalten werden Spiele aus einem triebhaften Verlangen heraus inszeniert, das mit Selbsttäuschungen und Skrupellosigkeit einhergeht.

Die hier vorgelegte Spielanalyse steht in engem Zusammenhang mit den Theorien über die Persönlichkeitsstrukturen und die Persönlichkeitsentwicklung. Dabei beziehe ich mich immer wieder auf die genauen Beobachtungen BERNES, die viel interessantes Material enthalten. Die wichtigsten Annahmen dieser persönlichkeitsbezogenen Spielanalyse sind:

Spiele werden vom Persönlichkeitsbereich aus inszeniert, d.h., der Spieler wählt jenen Ich-Zustand, in dem er sich besonders gut auskennt, um andere zu einem Spiel zu verführen. Der **Beziehungstyp** benützt seine Liebenswürdigkeit, der **Sachtyp** seine Klugheit und der **Handlungstyp** seine Tüchtigkeit. Die Spieleinladungen sind deshalb gekonnt und überzeugend.

Der Entwicklungsbereich mit den Schlüsselfähigkeiten wird übergangen und an die Mitspieler delegiert, d.h., der Spieler meidet jenen Ich-Zustand, in dem er sich nicht zu Hause fühlt, und überläßt das Risiko des Denkens, der Verantwortung oder des Fühlens jenen, die sich damit auskennen und bereitwillig darauf eingehen.

Im Zielbereich werden Spielziele statt bereichsangemessener Ziele angestrebt, d.h., der Spieler begnügt sich mit etwas, das »so aussieht als ob« - etwa gute Zeugnisse statt echter Leistung, erzwungene Mitleidsreaktionen statt spontaner Sympathie, Ansehen statt Persönlichkeit.

Der **Beziehungstyp** lädt also mit seinem liebenswürdigen Kind- oder Beziehungs-Ich zum Spiel ein, der **Sachtyp** mit seinem klugen Erwachsenen- oder Erkenntnis-Ich und der **Handlungstyp** mit seinem fürsorglichen Eltern- oder Handlungs-Ich. Da sie in diesen Bereichen kompetent sind, ist ihren Spieleinladungen schwer zu widerstehen. Während des Spiels läßt der **Beziehungstyp** andere für sich denken, der **Sachtyp** andere die Verantwortung für sich übernehmen und der **Handlungstyp** andere für sich fühlen. Das heißt, jeder Spieler beutet seinen Mitspieler dort aus, wo er selbst Defizite hat. Zugleich vermeidet er, sich Blößen zu geben, wo er sich ohnehin unsicher fühlt.

Doch damit tut er sich selbst keinen Gefallen, denn er verstößt gegen sein eigenes unbewußtes Wertesystem: danach will der **Beziehungstyp** erkennen, der **Sachtyp** erfolgreich sein und der **Handlungstyp** fühlen und Sympathie empfinden. Der Spieler betrügt sich und fühlt sich um das betrogen, was ihm am wertvollsten ist, der **Beziehungstyp** um das Erkennen, der **Sachtyp** um den Erfolg und der **Handlungstyp** um die Sympathie. Diese Enttäuschung und Frustration gibt er dann an die Mitspieler weiter. All dies geschieht un- und halbbewußt. Auf der bewußten Ebene meint der **Beziehungstyp,** noch immer liebenswürdig zu sein, der **Sachtyp** hält sich für gutmütig, und der **Handlungstyp** ist nach wie vor von seinem wohlwollenden Verhalten überzeugt.

Seine Stimmung schlägt plötzlich um, auch für ihn selbst überraschend. Nachdem er zuerst die anderen zum Mitspielen verführt hat, bestraft er im nächsten Schritt den oder die Mitspieler. Er wechselt blitzschnell Rolle und Ich-Zustand. Der »liebenswürdige« **Beziehungstyp** wechselt über in sein kritisch-abwertendes Eltern-Ich und zeigt sich nun kühl und zynisch, der »gutmütige« **Sachtyp** in sein rebellisches Kind-Ich und verhält sich aggressiv und bösartig, »aus dem gutmütigen Engel wird ein unzufriedener Teufel« (LÜSCHER). Und der »wohlwollende« **Handlungstyp** verhält sich, entsprechend seinem vorurteilsbeladenen Erwachsenen-Ich, einschränkend, verurteilend und bestrafend.

Die Spielziele des **Beziehungstyps** sind im Bereich **Handeln** Macht und Überlegenheit, eine Pseudosouveränität durch Spielgewinne aufgrund unfairen Verhaltens. Er stellt sich, bildlich gesprochen, auf die Spitze eines einsamen Berges, allen überlegen, kalt und unnahbar. Die Spielziele des **Sachtyps** sind, im Bereich **Beziehung,** negative Zuwendung, Mitleid und Ärgerreaktionen der Mitspieler, Selbstvorwürfe und eine Pseudoautonomie in Form eines ressentimentgeladenen Rückzugs. Er verschwindet gewissermaßen in der dumpfen und feuchten Wärme einer unwirtlichen Höhle, vorwurfsvoll und anklagend. Die Spielziele des **Handlungstyps** sind, im Bereich **Erkennen,** die Bestätigung von Vorurteilen und eine Pseudoidentität in der Form der selbstgerechten Rollenidentifikation. Er erstarrt zu einer Steinsäule in der Wüste, unerschütterlich und mahnend.

Im eingangs angeführten Beispiel gab sich Herr Weiß, seinen Spielneigungen zufolge ein **Beziehungstyp,** im ersten Gespräch mit dem Installateur sicher sehr freundlich und liebenswürdig. Vermutlich ließ er den Installateur weitgehend selbst denken und planen, verhielt sich zurückhaltend und wiegte ihn damit in Sicherheit. Der Installateur könnte sich gedacht haben: »Dieser freundliche Herr Weiß hat ganz sicher nichts dagegen, wenn ich das Ventil mit auf die Rechnung schreibe. Wahrscheinlich wird er es gar nicht bemerken, schließlich bin ich der Fachmann.« Damit hat er freilich das Gesetz des Handelns an Herrn Weiß abgegeben. Dieser zögert auch keinen Augenblick, seine momentane Überlegenheit auszuspielen. Möglicherweise denkt er dabei: »Der Bursche meint wohl, er könne mich für dumm verkaufen. Dem werde ich zeigen, wer der Klügere ist!« Und Herr Weiß genießt seinen Sieg als einen Beweis seiner Klugheit, während der Installateur sich damit trösten kann, daß er, verglichen mit einem derart kleinlichen und streitsüchtigen Menschen, doch vergleichsweise gut dasteht.

Persönlichkeitsspezifisch ist auch der spieltypische Ich-Zustands-Wechsel (KARPMAN) gegen Spielende. Der plötzliche Rollenwechsel ist der eigentliche Trick im Spiel. Wenn der **Beziehungstyp** unvermutet von seinem Kind-Ich ins Eltern-Ich wechselt, also vom Bereich **Beziehung** in den Bereich **Handeln,** so ändert er damit auch die Spielregeln. Unbewußt macht er sich dabei die unterschiedlichen Bedingungen dieser beiden Bereiche zunutze. Hat er sich zunächst freundlich und einladend auf der Beziehungsebene gegeben und eine diesem Bereich entsprechende Belohnung durchblicken lassen, so tut er nach dem Ich-Zustands-Wechsel so, als sei es schon immer nur um Zusammenarbeit auf der Handlungsebene gegangen. Hinter dem verführerischen Lächeln lauert Frustration. Er wechselt vom gewinnenden Beziehungs-Ich-Verhalten unvermutet über zu einem kritischen und bestrafenden Handlungs-Ich.

Der **Sachtyp** tut zunächst so, als ginge es ihm nur um Information und um Erkenntnisse. Er nimmt eine objektive, betrachtende Haltung ein, selbstlos und uneigennützig. Bei soviel Harmlosigkeit übernehmen andere gerne einen Teil Verantwortung für ihn. Nach dem Ich-Zustands-Wechsel vom Erwachsenen-Ich ins Kind-Ich wird ihm bewußt, daß er doch zu kurz gekommen ist. Nun verhält er sich so, als wären die anderen daran schuld und hätten ihn menschlich enttäuscht. Bei Spielbeginn signalisiert er den anderen zwar, daß die Regeln für den Bereich **Erkennen** gelten, und läßt sich ihre Fürsorglichkeit gerne gefallen. Doch nach dem Ich-Zustands-Wechsel wirft er den Mitspielern vor, daß sie sich, gemessen an den Regeln des Bereiches **Beziehung,** ihm gegenüber lieblos und egoistisch verhalten hätten.

Auf eine nette Weise hat bei einem Treffen unter Freunden eine Ehefrau den anderen deutlich gemacht, daß sie diese (kleine) Schwäche ihres Mannes kenne. Er sprach von einer etwas schwierigen Situation, in der er sich gerade befinde. Ein Zuhörer unterbrach ihn und bot ihm zu einem bestimmten Punkt seine Hilfe an: »Möchtest du, daß ich ...?« Der Erzähler zögerte nur ganz kurz und setzte dann seinen Bericht fort, ohne die Frage zu beantworten. Darauf unterbrach ihn seine Frau und sagte mit freundlichem Lächeln, doch recht bestimmt: »Er möchte!«

Der **Handlungstyp** wechselt die Spielregeln, indem er sich zunächst als großzügig und fürsorglich darstellt: die Mitspieler freuen sich und vertrauen auf seine wohlwollende Unterstützung. Der **Handlungstyp** genießt diese Zuwendung aus dem Kind- oder Beziehungs-Ich. Doch dann, wenn er etwas für sie tun soll, geht er plötzlich zu regelhaftem Denken über und tut so, als sei es schon immer um vernünftiges Denken und um Realitäten gegangen. Die Mitspieler werden unvermutet mit strengen und gefühllosen Vorurteilen konfrontiert.

Ich denke dabei immer an das Politikerverhalten vor und nach den Wahlen. Vor den Wahlen geben sie sich äußerst großzügig, wollen für alles und jeden sorgen, doch nach den Wahlen bestimmen mit einemmal die »Sachzwänge« ihr Verhalten, als hätte es diese Realitäten vor den Wahlen noch nicht gegeben oder als wären ihre großzügigen Einstellungen nach den Wahlen automatisch nicht mehr gültig: Versprechungen gehören in den Wahlkampf, nicht in die reale Politik! Die spieltypischen Antworten darauf sind die Retterträume von einer besseren Welt oder die resignative Opferhaltung: Die machen mit uns ja doch nur, was sie wollen.

Schließlich ist auch das Spielende persönlichkeitstypisch. Es werden unterschiedliche Spielziele in unterschiedlichen Lebensbereichen angestrebt. So sucht der **Beziehungstyp** eine Position der Überlegenheit im Bereich **Handeln,** der **Sachtyp** strebt Harmonie an im Bereich **Beziehung,** und der **Handlungstyp** will Sicherheit erreichen im Bereich **Erkennen:** all dies sind Spielziele, die den Bedingungen des jeweiligen Bereichs nicht gerecht werden. So geht es im Bereich **Handeln** nicht um den persönlichen Sieg, sondern um das gemeinsame Erreichen von Zielen. Im Bereich **Beziehung** geht es weniger um Harmonie, sondern um die Auseinandersetzung mit unterschiedlichen Bedürfnissen. Und Identität im Bereich **Erkennen** wird nicht durch Identifikation, sondern durch Loslassen, durch Nicht-Identifikation erreicht, also gerade dadurch, daß das scheinbar Sichere verlassen, aufgegeben wird. Es ist wie beim Drachenfliegen: der Pilot muß den festen Boden verlassen und sich dem neuen Element Luft anvertrauen.

Bei der Bezeichnung der Spiele habe ich mich dafür entschieden, die Spiele systematisch nach ihrem **gemeinsamen Spielziel** zu unterscheiden.

Dafür spricht, daß die Spielziele schon zu Beginn und während der ganzen Spieldauer unbewußt angestrebt werden. Sie bestimmen also die Dynamik und den Verlauf des Spieles. Gegen diese Entscheidung spricht, daß die Einladung aus einem jeweils anderen Ich-Zustand kommt und daß wiederum ein anderer Ich-Zustand übergangen und beim Mitspieler ausgebeutet wird. Das heißt, **Machtspiele** enden zwar in der überlegenen Position des Spielers, doch sie beginnen freundlich und verführerisch und beuten die Aufmerksamkeit und das Denken der Mitspieler aus. Machtspiele sind also anfänglich »Verführungsspiele« und im weiteren Verlauf »geistige Ausbeutungstransaktionen«.

Nach dem Spielziel oder Spielende definiert, tendieren der

Beziehungstyp 1 und der **Beziehungstyp 2** zu

Macht- und Retterspielen:
dem Streben nach Überlegenheit auf Kosten anderer, die in eine Position der Schwäche und Unterlegenheit gedrängt werden. Diese Spiele beginnen verführerisch aus dem Beziehungs-Ich und beuten das Erkenntnis-Ich des Mitspielers oder der Mitspieler aus. Durch einladendes, verführerisches Verhalten weckt der **Beziehungstyp** in den Mitspielern Hoffnungen und Phantasien, für die er sie dann bestraft oder enttäuscht. Doch zuvor spiegelt und sonnt sich der **Beziehungstyp 1** so lange wie möglich in der Aufmerksamkeit der anderen, und der **Beziehungstyp 2** beschäftigt so lange wie möglich ihr Denken.

Der **Sachtyp** tendiert zu

Opfer- und Zuwendungsspielen:
der Provokation anderer zu Mitleid und Ärgerreaktionen durch ein unklares, hilfloses, ungeschicktes, unsensibles und verletzendes Verhalten. In Situationen, in denen es darauf ankäme, Stellung zu beziehen, sich zu entscheiden, Verantwortung zu übernehmen, bemüht er weiter sein kluges Erkenntnis-Ich. Dadurch übernehmen fast automatisch die anderen die Entscheidung und Verantwortung. Er beutet das Handlungs-Ich der Mitspieler aus. Das macht ihn unzufrieden. Nach dem Ich-Zustands-Wechsel schlägt seine anfängliche Gutmütigkeit und Harmlosigkeit um in Groll und Rebellion aus dem Beziehungs-Ich.

Der **Handlungstyp** neigt zu

Verfolger- und Identitätsspielen:
sie dienen der Absicherung der eigenen Identität und Position im eigenen Selbstverständnis, also im Erkenntnis-Ich. Zunächst läßt er die Gefühle und Bedürfnisse des Beziehungs-Ichs der Mitspieler zu und nimmt sie entgegen. Er lockt sie mit einem großzügigen, fürsorglichen Verhalten.

Doch nach dem Wechsel in ein einschränkendes Denken schneidet er ihre Bedürfnisse ab und wendet sich gegen jede Eigeninitiative, Spontaneität und Kreativität. Dabei bedient er sich pseudorationaler Argumente, hinter denen eine kleinliche und eingeschränkte Auffassung von der Realität steht.

Die Bezeichnungen Retter, Opfer und Verfolger habe ich dem Drama-Dreieck aus der Transaktionsanalyse entnommen. Doch müssen sie hier genauer definiert werden. Das Verfolgerverhalten meint nicht ein wildes, von Emotionen gesteuertes Verfolgen, also weder die schneidende und verletzende Kälte des **Beziehungstyps 1** noch den hysterischen Wutanfall des **Beziehungstyps 2.** Beide gehören in die »Retterecke« unter die gemeinsame Überschrift Machtspiele. Unter Verfolger ist hier die Position des Selbstgerechten zu verstehen, der aus verdrängter Enttäuschung heraus sich von einem inhumanen Rechts-, Ordnungs- und Sauberkeitsdenken leiten läßt und ein bürokratisches, autoritär einschränkendes Verhalten an den Tag legt, das sich auf Normen, Werte und Sachzwänge beruft.

Daß Retter- und Machtspiele eng verwandt sind, ist leicht einzusehen. Und bei der Opferposition muß besonders auf die rebellische Komponente geachtet werden. Sie unterscheidet sich vom Verfolgerverhalten vor allem darin, daß das Opfer nicht zu sich steht, nicht bereit ist, sich zu verantworten. Damit wird zwar das Drama-Dreieck etwas zurechtgebogen. Aber dies ist deshalb notwendig, weil sich die Spiele des **Handlungstyps** sonst nicht angemessen und trennscharf darauf abbilden lassen.

15. Wozu Spiele gespielt werden

Wenn Gespräche einen unguten Verlauf nehmen, wenn sie unklar, unsachlich und verletzend werden und die Gesprächspartner gereizt, bedrückt oder verärgert reagieren, dann kann man vermuten, daß ein Spiel im Gange oder ein Spiel gelaufen ist. Das gleiche gilt, wenn jemand ohne ersichtlichen Grund gekränkt, eingeschüchtert oder aggressiv wirkt. Das könnte das Ergebnis eines internen Spielverhaltens sein.

BERNE hält Spiele für »ebenso notwendig wie wünschenswert«. Doch selbst harmlose Spiele deuten darauf hin, daß etwas Wesentlicheres verfehlt wird, etwas, das interessanter, besser oder schöner sein könnte. Und man kann sich darüber streiten, ob das Banale, die schleichende Korruption des Denkens, Wollens und Fühlens, auf die Dauer nicht gefährlicher ist als ein deutliches Fehlverhalten, das rasch erkannt und korrigiert werden kann. So gesehen sind Spiele und die mit ihnen zusammenhängenden

Enttäuschungen und Frustrationen die Stachel, die uns herausfordern, uns weiterzuentwickeln.

Das Thema Spiele ist ein typisches Thema der Transaktionsanalyse. Deshalb verwende ich für die Spielanalyse die dort üblichen Bezeichnungen für die Ich-Zustände, also Kind-Ich bedeutungsgleich mit Beziehungs-Ich, Erwachsenen-Ich bedeutungsgleich mit Erkenntnis-Ich und Eltern-Ich bedeutungsgleich mit Handlungs-Ich. Das heißt, ich verstehe das Kind-Ich als zuständig für den Bereich **Beziehung,** also Fühlen und Sympathie, das Erwachsenen-Ich für den Bereich **Erkennen,** also Wahrnehmen, Denken und das Ich im engeren Sinne, und das Eltern-Ich für den Bereich **Handeln,** für Wollen und Tun.

Spiele können harmlos sein. Sie können mehr oder weniger destruktiv sein. Und sie können verbrecherisch sein. Abläufe und Gesetzmäßigkeiten sind dabei die gleichen. Je nach der Härte der Spiele unterscheidet man sie in Spiele ersten, zweiten und dritten Grades. Spiele ersten Grades lösen bei den Beteiligten Verwunderung, ein leichtes Unwohlsein oder Schmunzeln aus. Spiele zweiten Grades können beleidigend, verletzend sein und schon deutlichen Schaden anrichten. Sie können zum Verlust eines Kunden, zum Bruch einer Freundschaft, zu finanziellen Schwierigkeiten, einer Kündigung oder einer Trennung vom Partner führen.

Spiele dritten Grades bedeuten akute Gefahr für Gesundheit und Leben. Sie richten Schäden an, die nicht wiedergutzumachen sind. Es gehören dazu Suizid, schwere Psychosen und psychosomatische Krankheiten wie Herzinfarkt und Krebs, fortgeschrittener Alkoholismus und Drogensucht, schwere Kriminalität und Krieg. Spiele dritten Grades sind so destruktiv, daß diese Spieler vor sich selbst oder andere vor ihnen geschützt werden müssen.

Spiele	1. Grades	2. Grades	3. Grades
die Beteiligten	fühlen sich unwohl	fühlen sich verletzt	sind gefährdet

Einteilung der Spiele nach dem Grad ihrer Destruktivität

Spiele werden nach folgendem Muster inszeniert: Ein Spieler lädt potentielle Mitspieler zu einem Spiel ein, indem er zum Beispiel

> unrealistische Hoffnungen weckt im Bereich **Beziehung** oder
> übertriebenes Verständnis zeigt im Bereich **Erkennen** oder
> Großzügigkeit vortäuscht im Bereich **Handeln.**

Daß der Spieler mehr verspricht, als er halten wird, ist ihm zu diesem Zeitpunkt nicht bewußt. Er macht sich auch selbst etwas vor. Die angesprochenen Mitspieler können diese Spieleinladung annehmen oder ausschlagen. Ihre Entscheidung wird abhängig sein von der eigenen Spielbereitschaft. Ist sie gering, so werden sie den Braten riechen und die Spieleinladung ausschlagen. Ist jedoch ihre eigene Spielbereitschaft hoch und sind sie die passenden Mitspieler, so werden sie die Spieleinladung annehmen. Dann wird der Spieler das Spiel in der begonnenen Weise eine Zeitlang fortsetzen. Er wird weiterhin unrealistische Hoffnungen bestärken, übertriebenes Verständnis zeigen oder Großzügigkeit vorgeben.

Der **Beziehungstyp** folgt dabei seinen Antreibern *Sei stark!* und *Mach's anderen recht!*, der **Sachtyp** dem *Streng dich an!* und der **Handlungstyp** dem *Sei perfekt!*. Eigene negative Gefühle wie Verzweiflung, Wut oder Angst werden unterdrückt und verdeckt. Und die Mitspieler können sich in trügerischer Sicherheit wiegen, sich wohl und geschmeichelt fühlen, obenauf und verwöhnt. Doch plötzlich wechselt der Spieler die Rolle und den Ich-Zustand. Der Machtspieler durchkreuzt die geweckten Hoffnungen, enttäuscht und frustriert die Mitspieler, wertet sie ab und stellt sie bloß. Der Opferspieler spielt den Verletzten, Gekränkten, der sich ausgenützt und schlecht behandelt fühlt und versucht, den Mitspielern ein schlechtes Gewissen einzureden. Er läßt es sich demonstrativ schlechtgehen und zieht sich zurück. Der Verfolgerspieler tut, als hätte man seine Großzügigkeit mißbraucht, und diszipliniert und bestraft die überraschten Mitspieler.

Bisher hat man bei den Spielen besonders auf den heimlich vorbereiteten »Spielgewinn« geachtet. Dieser ist beim **Beziehungstyp** die Position der Überlegenheit (Macht- und Retterspiele), beim **Sachtyp** negative Zuwendung wie Ärger oder Mitleid (Opfer- und Zuwendungsspiele) und beim **Handlungstyp** die Absicherung seiner Identität (Verfolger- und Identitätsspiele). Doch es gibt auch einen »Spielgewinn« während des Spieles. Dabei werden die Defizite des eigenen Entwicklungsbereichs kompensiert. Deshalb werden Spiele so weit wie möglich ausgedehnt und der unvermeidliche Rollenwechsel, der zu einem raschen Ende des Spieles führt, hinausgeschoben.

Dieser »Spielgewinn« während des Spiels zielt auf jene Fähigkeiten ab, die dem Spieler mangeln, auf die Qualitäten seines Entwicklungsbereiches. So holt sich der **Beziehungstyp** während des Spiels Erwachsenen-Ich-Zuwendung von den Mitspielern. Er beschäftigt deren Aufmerksamkeit, Interesse und Denken. Ein Beispiel dafür ist das *Ja, aber...*-Spiel. Er fordert die Mitspieler auf, für ihn ein Problem zu lösen. Mit seinem *Ja, aber...* kann er ihre Aufmerksamkeit und ihr Nachdenken lange in Gang halten. Erst wenn deutlich zu werden droht, daß es ihm nicht um die

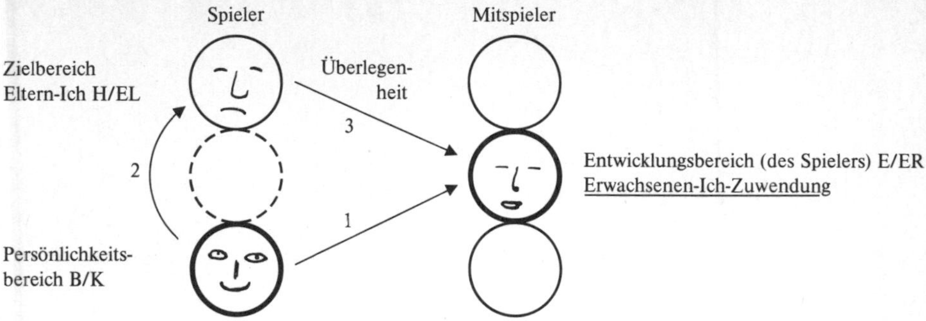

Macht- und Retterspiele des **Beziehungstyps** 1 und 2

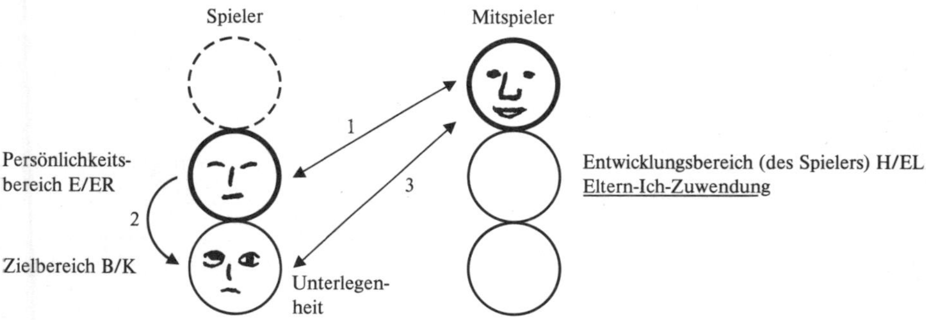

Opfer- und Zuwendungsspiele des **Sachtyps**

Lösung des Problems, sondern um das Interesse der Mitspieler geht, wechselt er in die abwertende Eltern-Ich-Position.

Der **Sachtyp** wiegt seine Mitspieler im Gefühl der Überlegenheit und der Harmonie. Er gibt sich interessiert, verständnisvoll, gutmütig und gutwillig. Dafür läßt er sich bemuttern, helfen und gute Ratschläge geben. Der Spieler demonstriert seinen guten Willen. Doch es ist »eine in zunehmendem Maß ressentimentgeladene Pseudowillfährigkeit«, die immer häufiger umschlägt in »aggressive Streitlust«[1].

Der Spieler ist sich dabei seines eigenen konfliktverschärfenden Verhaltens nicht bewußt. Er verbirgt es vor sich und den anderen hinter Gutmütigkeit und Gefälligkeit. Während des Spiels beschäftigt er die ganze Zeit das Eltern-Ich der Mitspieler. Sie machen sich Sorgen um ihn, ärgern sich über ihn, trösten oder kritisieren ihn. Auch wenn es schließlich zum

1 Berne, »Du siehst, ich gebe mir wirklich die größte Mühe«, in: *Spiele der Erwachsenen,* S. 135.

Eklat kommt, müssen sie die Verantwortung übernehmen. Er ist das »arme Opfer«. Jetzt sucht er den Mitspielern ein schlechtes Gewissen zu suggerieren und spielt das verwandte Spiel: *Seht bloß, was ihr angerichtet habt!*

Der **Handlungstyp** beutet während des Spiels das Kind-Ich der Mitspieler aus. Damit holt er sich etwas von dem, was ihm selbst mangelt, Spontaneität, Spaß, Lebensfreude, Erotik und den Charme des Beziehungsverhaltens. Er zeigt sich wohlwollend, hilfsbereit, erlaubend, verwöhnend und großzügig. Doch damit überfordert er sich. Denn er mißtraut dem Lebendigen und Emotionalen, das er mit seinem Verhalten ja zunächst fördert. So wechselt er zu einem von Mißtrauen und Vorurteilen getrübten Erwachsenen-Ich. Hinter seiner vorgegebenen Vernünftigkeit spüren jedoch die Mitspieler deutlich sein verbietendes Eltern-Ich.

BERNE hat die Spiele des **Handlungstyps** weniger deutlich gesehen und beschrieben. Er behandelt sie im Kapitel »Gute Spiele«, und dies meint er keineswegs ironisch. Es sind die Spiele *Urlaub im Beruf, Kavalier, Hilfreiche Hand, Weiser Mann* und *Die werden einmal froh sein, daß sie mich gekannt haben.* Übereinstimmend handelt es sich bei den Spielern um überaus tüchtige und fleißige Leute: ». . . ein amerikanischer Arzt, der während seines Urlaubs in einer Klinik auf Haiti arbeitet« (*Urlaub im Beruf*); »sein Ziel besteht nicht darin, die Frau zu verführen, sondern darin, zu zeigen, in welch vollendetem Maß er die Kunst der eindrucksvollen Komplimente beherrscht« (*Kavalier*); »Weiß zeigt sich anderen Leuten gegenüber ständig hilfsbereit« (*Hilfreiche Hand*); »dort spricht es sich bald herum, daß sich die Menschen mit allen möglichen Problemen an ihn wenden können« (*Weiser Mann*); »in der konstruktiven Form arbeitet Weiß unermüdlich« *(Die werden einmal froh sein . . .)* (S. 222–228).

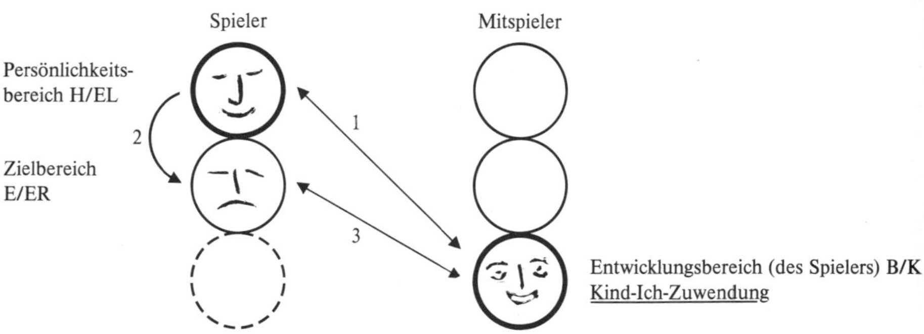

Verfolger- und Identitätsspiele des **Handlungstyps**

Gemeinsam ist den »guten Spielen«, daß sie nach heutigem Verständnis gar keine Spiele sind, denn es fehlt ihnen der spieltypische Wechsel des Ich-Zustandes, hier von einem großzügig erscheinenden Eltern-Ich in ein regel- oder vorurteilgeprägtes Erwachsenen-Ich. Oder dieser Ich-Zustands-Wechsel wird sehr lange hinausgeschoben. Mögliche Einleitungen des Wechsels sind z.B. Auslachen (bei *Kavalier*), Ausnützen (bei *Hilfreiche Hand*), Ausreden (bei *Weiser Mann* – seine guten Ratschläge werden nicht verwirklicht), Ausbleiben des Dankes (bei *Die werden einmal froh sein . . .*) oder Ausbrennen, der gesundheitliche Zusammenbruch wie bei BERNE.

Ich vermute, daß BERNE selbst zu diesen »guten Spielen« tendierte und sie deshalb unbewußt verharmloste. BERNE hat, wie dies bei vielen Ärzten und Therapeuten üblich war, zuviel gearbeitet. Ein guter Freund von ihm, CLAUDE STEINER, meint, daß sein Tod zu früh kam als Folge eines nicht gelösten Lebensproblems, daß er sein Leben zuwenig genießen, die Liebe, die man ihm entgegenbrachte, nicht an sich heranlassen konnte. Genau das sind die Kehrseiten der Spiele des **Handlungstyps.**

Es gibt noch einen dritten Spielgewinn. Er ist in der Transaktionsanalyse bekannt unter der Bezeichnung *heiße Kartoffel.* Der Spieler gibt etwas von dem weiter, was er als Kind erlitten hat, Ablehnung, Abhängigkeit und Verbote (FANITA ENGLISH). Das hat für ihn eine gewisse Entlastungsfunktion. Wenn der **Beziehungstyp** beim Rollenwechsel seine Mitspieler enttäuscht und frustriert, so gibt er etwas weiter, was er selbst einst erfahren hat: *Sei nicht!* oder *Sei nicht nah!.* Wenn der **Sachtyp** seinen Mitspielern unterstellt, sie würden ihn benachteiligen, unterdrücken und bevormunden, sie seien überheblich, selbstsüchtig und arrogant, so nimmt er ihnen ihre Autonomie übel: genau das, was ihm selbst durch das *Sei nicht du selbst!* verwehrt wurde. Und wenn der **Handlungstyp** seine Mitspieler diszipliniert und bestraft, so gibt er das *Tu's nicht!* und das *Fühle nicht (was du willst)!* weiter.

Fassen wir zusammen. Spiele werden aus drei Gründen gespielt:

Entlastungsfunktion im Persönlichkeitsbereich

Spiele werden vom Persönlichkeitsbereich aus begonnen. Auslöser sind die dort eingelagerten Störungen. Um sich zu entlasten, hat der Spieler das Bedürfnis, sie weiterzugeben (*heiße Kartoffel*). Um Mitspieler zu gewinnen, lädt er ein mit der positiven Seite seines Persönlichkeitsbereichs, der **Beziehungstyp** mit seinem liebenswürdigen und verführerischen Kind-Ich, der **Sachtyp** mit seinem klugen und verständnisvollen Erwachsenen-Ich und der **Handlungstyp** mit seinem fürsorglichen und großzügigen Eltern-Ich.

Zuwendung im Entwicklungsbereich
Um Defizite des eigenen Entwicklungsbereiches auszugleichen, holt sich der Spieler Zuwendung aus den entsprechenden Ich-Zuständen der Mitspieler. So ist der **Beziehungstyp** interessiert am Erwachsenen-Ich seiner Mitspieler, an Aufmerksamkeit, Interesse, Nachdenken, Erkenntnissen, der Sinnenhaftigkeit und dem entspannten Dasein, die auch zu den Qualitäten des Erwachsenen-Ichs gehören. Der **Sachtyp** wendet sich an das Eltern-Ich seiner Mitspieler. Er erhofft sich Anerkennung und Fürsorge, Unterstützung und Erlaubnisse, Wertschätzung und Geborgenheit. Und der **Handlungstyp** sucht das Kind-Ich der Mitspieler. Er verspricht sich davon Zuneigung und Lebensfreude, Spontaneität und Spaß, Emotionalität und Lebendigkeit.

Ersatzbefriedigung im Zielbereich
Ehe den Mitspielern richtig klar wird, daß sie ausgenützt werden, wechselt der Spieler seine Rolle und den Ich-Zustand. Der **Beziehungstyp** wechselt vom Kind-Ich ins Eltern-Ich, von der einladenden Haltung zur abwertenden Machtposition. Der **Sachtyp** wechselt vom Erwachsenen-Ich zum Kind-Ich, vertauscht seine verständnisvolle Haltung mit der gekränkten Opferrolle. Und der **Handlungstyp** wechselt vom Eltern-Ich zum Erwachsenen-Ich, von seiner fürsorglichen Haltung zur einschränkenden Verfolgerposition. Die Spielgewinne sind Überlegenheit beim **Beziehungstyp,** negative Zuwendung wie Mitleid oder Ärger beim **Sachtyp** und eine Pseudoidentität und -sicherheit beim **Handlungstyp,** die sich nicht auf Ich-Entwicklung, sondern nur auf Ich-Identifikation mit einer Rolle oder Aufgabe stützt, *Ich bin ein . . .*

Wir sehen, daß beim Spiel die ganze Persönlichkeit des Spielers beteiligt ist. Deshalb steckt in ihnen sehr viel mehr Dynamik, als ursprünglich vermutet wurde. Es genügt meist nicht, Spiele mit dem Erwachsenen-Ich zu durchschauen, um sie dann, wie BERNE hoffte, beenden oder schlechte Spiele durch gute ersetzen zu können. Die Alternative zum Bedürfnis nach dieser Art Spielen ist die gesunde und entwickelte Persönlichkeit.

Und Spiele werden keineswegs nur im Bereich »zwischenmenschliche Beziehungen« gespielt. Sie sind nicht nur Ersatzformen für echte Intimität, zielen nicht nur auf negative Zuwendung ab und vermeiden dabei offene und ehrliche Nähe. Sie werden auch in den beiden anderen Lebensbereichen **Handeln** und **Erkennen** gespielt. Hier vermeiden sie klares, realitätsbezogenes Denken, Sinnenhaftigkeit und Konzentration, entspanntes Dasein im Hier und Jetzt und Ich-Entwicklung, dort selbstverantwortliches und kooperatives Handeln, kraftvolles Wollen und Kreativität.

Daß Spiele persönlichkeitstypisch sind, hat BERNE insofern berücksichtigt, als er aufzeigt, wie ein und derselbe Spieler zwischen verwandten Spielen wechselt: etwa wenn ein *Sieh bloß, was du angerichtet hast*-Spieler mit diesem Spiel seine Vorgesetzten auflaufen läßt und entsprechend Ärger bekommt. BERNE: »In diesem Fall wird es zu einer Komponente der Spiele *Warum muß das ausgerechnet immer mir passieren?* bzw. *Jetzt hat's mich wieder erwischt!* (beide gehören zur Gruppe der *Mach mich fertig*-Spiele).« (S. 111)

16. Die Spiele des Beziehungstyps

Eine Frau kommt in eine Gruppe ihr fremder Menschen. Nach kurzer Zeit hebt sie ihren Rock, zeigt auf provozierende Weise ihre Beine und bemerkt: »O je, ich hab' ja eine Laufmasche in meinem Strumpf.«

BERNE nennt dieses harmlose Spielchen das *Strumpfspiel.* Er sieht in ihm eine Form des Exhibitionismus, »der seiner Natur nach hysterisch ist«. Er attestiert der Dame einen gewissen oberflächlichen »Bildungsfirnis« und vermutet, daß sie, auf ihr Verhalten aufmerksam gemacht, natürlich ihre Unschuld beteuern oder mit Gegenbeschuldigungen antworten wird. Auch die Querverweise auf andere Verführungs-Frustrations-Spiele ernsterer Natur lassen dieses Spiel als das eines **Beziehungstyps** erkennen. Ich vermute, daß das Zeigen der Beine eher auf ein Machtspiel des **Beziehungstyps 1** hinweist, während bei ähnlichen Spielchen der **Beziehungstyp 2,** der zu Retterspielen neigt, den Busen einsetzt.

Ein Kollege, der, wie er zugab, lange Zeit von diesen Spielen fasziniert war, erzählte mir ein nettes Beispiel:

Eine sehr attraktive Bekannte von ihm, eher weniger glücklich verheiratet, zeigte gerne ihren hübschen Busen. So stillte sie immer ihr Kind, wenn männlicher Besuch da war. Das hatte zur Folge, daß das Kind regelmäßig nach Nahrung verlangte, wenn ein Mann zu Besuch kam. Eines Tages war er zusammen mit ihr zu einer Party eingeladen. Dort erschien eine Dame mit einem atemberaubend ausgeschnittenen Kleid. Voll heimlichen Vergnügens wartete er auf den Schlagabtausch der Konkurrentinnen. Als alle bei Tisch saßen, war die Stunde seiner Bekannten gekommen. Sie stillte ihr Kind und konnte sich der wohlmeinenden Aufmerksamkeit aller erfreuen.

Was ist an diesen beiden Beispielen das Spieltypische? Beide Frauen benützen ihre weiblichen Reize, doch nicht um Männer zu verführen, sondern um die Aufmerksamkeit auf sich zu ziehen und andere Frauen auszustechen. Beide spielen »unschuldig«, so daß sie jederzeit zurückschlagen können, wenn man versuchen sollte, ihr Spiel aufzudecken. BERNE zeigt sich einigermaßen ratlos, wie man der harten Form dieses

Spieles (*Hilfe! Vergewaltigung!*) begegnen soll, ohne Schaden anzurichten, und er rät zur schleunigen Flucht. Hier ist vielleicht die Frage interessanter, was haben diese Spiele mit dem **Beziehungstyp** zu tun? Es sind, von der Spieleinladung her, immer »Verführungsspiele«. Doch sie zielen auf etwas anderes ab, auf Erkenntnis-Ich-Zuwendung und auf Macht, selbst die sozial hochbewerteten Retterspiele.

Die Macht- und Retterspiele des **Beziehungstyps 1** und **2** haben folgende gemeinsame Merkmale: Sie gehen aus von einem scheinbar liebenswürdigen und einladenden Kind-Ich, dem Persönlichkeitsbereich des **Beziehungstyps.** Dabei wecken sie illusorische Erwartungen beim Mitspieler und wehren eine realistische Einschätzung der Situation ab. Der Antrieb zu diesem verführerischen Spielverhalten sind unbewußte Zweifel am eigenen Liebreiz. Verstärkt wird dieses Spielverhalten durch die Antreiber *Sei stark!* und *Mach's anderen recht!*. Jener zwingt den **Beziehungstyp 1** dazu, brillant, überlegen und gewinnend, dieser den **Beziehungstyp 2,** besonders liebenswürdig und herzlich zu sein.

Der **Beziehungstyp 1** lädt ein mit den Mitteln des Kind-Ichs 1, also der Körpersprache. Dazu gehören auch der Klang der Stimme und eine bezaubernde, verführerische Ausstrahlung. Der **Beziehungstyp 2** lädt zum Spiel ein mit seinem entwickelteren Kind-Ich 2. Hier spielt dann das Verbale, Inhaltliche eine größere Rolle. Entsprechend seinen ödipalen Ausgangserfahrungen fühlt sich der **Beziehungstyp 2** besonders von Dreieckskonstellationen angezogen. Da das verführerische Element die Spiele des **Beziehungstyps** einleitet und vorantreibt, werden sie von Frauen deutlicher gespielt. Weil jeder auch die andere Seite in sich hat, der **Beziehungstyp 2** das *Sei stark!* und der **Beziehungstyp 1** das *Mach's anderen recht!*, leiden sie oft unter dem Zielkonflikt: »Wie kann ich gleichzeitig überlegen und liebenswert sein?«

Beide holen sich Zuwendung aus dem Erwachsenen-Ich, der **Beziehungstyp 1** aus dem Erwachsenen-Ich 1 der Mitspieler, also Aufmerksamkeit und sinnenhafte Zuwendung. Er versteht es, die Blicke auf sich zu ziehen. Der **Beziehungstyp** beschäftigt das Denken der Mitspieler. Das eigene Erwachsenen-Ich wird dabei weitgehend ausgeblendet, das heißt, es wird weder das eigene viel-versprechende Verhalten bewußt registriert, noch wirklich mitgedacht bei der vorgestellten Problemlösung. Diese Spielphase wird möglichst in die Länge gezogen. Um die Mitspieler bei der Stange zu halten, verhalten sich beide weiterhin bezaubernd und signalisieren Versprechungen, die sie keineswegs einzuhalten gedenken. Wenn dann die Mitspieler ungeduldig werden, etwa auf die Einlösung der Versprechungen drängen, wechselt der Spieler plötzlich in eine überlegene und abwertende Haltung: »Wofür halten Sie mich eigentlich?« »Was interessieren mich Ihre schmutzigen Gedanken!« »Ihr Männer denkt nur an/wollt doch nur das eine!« »Sie sollten sich zusammennehmen!« »Schämen Sie sich, Sie wissen doch, daß ich verheiratet bin!«

Es ist der Wechsel vom Kind-Ich ins Eltern-Ich, vom Persönlichkeits- in den Zielbereich des **Beziehungstyps.** Nun werden die Mitspieler um ihre Erwartungen betrogen. Vom **Beziehungstyp 1** werden sie eher bestraft. Ihr Begehren wird als ungehörig und unverschämt zurückgewiesen. Der **Beziehungstyp 2** verhält sich auch hier etwas verbindlicher, hat plötzlich keine Zeit mehr, bedauert sehr, daß ... Mit dieser harten oder sanften Zurückweisung, die in der Regel mit einer pauschalen kritischen Abwertung verbunden ist, gibt der Spieler die Ablehnung und Enttäuschung weiter, die er als Kind selbst erfahren hat.

Der spieltypische Wechsel ins Eltern-Ich 1 wirkt beim **Beziehungstyp 1** schroff und verletzend. Deshalb haben seine Spiele eher den Charakter von Machtspielen. Der Wechsel ins Eltern-Ich 2 des **Beziehungstyps 2** wirkt verbindlicher, er packt sein Abwertungsverhalten in höfliches Bedauern. Er bevorzugt Retterspiele. Damit nimmt er zwar genauso die überlegene Position ein, doch sie hat einen edleren Anstrich. Das unterschiedliche Rollenverständnis der Geschlechter läßt männliche **Beziehungstypen** eher Machtspiele, weibliche **Beziehungstypen** eher Retterspiele inszenieren.

Ich denke, hier und nur hier, also beim **Beziehungstyp 1** und **2,** ist es angemessen, von Mischtypen zu sprechen. Um es in der Sprache der klassischen Psychodiagnostik auszudrücken: Jeder hysterischen Störung ist eine schizoide vorausgegangen. Oder umgekehrt: Eine schizoide Störung führt in der Regel zu einem Hängenbleiben in der ödipalen Phase, also zu hysterischen Charakterzügen. Deshalb spielen beide, der **Beziehungstyp 1** und **2,** sowohl Macht- als auch Selbst- und Fremdretterspiele.

17. *Ja, aber* – ein typisches Spiel des Beziehungstyps

Die Wendung *Ja, aber* hat fast immer Spielcharakter, denn das *Aber* entwertet das vorhergegangene *Ja.* Und sie hat die taktische Wirkung, daß der Gegner sich beim *Ja* öffnet, damit dann der dem *Aber* folgende Hieb um so besser sitzt. Das *Ja, aber ...!,* wobei das Ausrufezeichen für eine nonverbale Geste der Überlegenheit, z.B. ein geringschätziges Lächeln steht, ist selbst ein Kürzel für ein »Verführungs-Frustrations-Macht-Spiel« des **Beziehungstyps,** das in dieser Reihenfolge abläuft.

Wenn ein Opfer spielender **Sachtyp** *Ja, aber* benützt, dann in der verdeckten Form eines *Ja, ja, (aber).* Überträgt man ihm z.B. eine unangenehme Aufgabe, so wird er »um des lieben Frieden willen« zusagen, dann aber den Auftrag liegenlassen, vergessen oder fehlerhaft erledigen. Hier wird das *Aber* nicht ausgesprochen, sondern ausagiert. Er wiegt seinen »Gegner« in Sicherheit, täuscht Bereitwilligkeit vor, um ihn dann in der einen oder anderen Weise auflaufen zu lassen oder eine Aufgabenstellung heimlich zu sabotieren. Er benützt das *Ja, ja, (aber),* um sich selbst vor einer klaren Entscheidung und selbstverantwortlichem Handeln zu drücken.

Beim **Handlungstyp** ist das *Ja, aber* belehrend und einschränkend, wobei dem *Ja* ein hypothetischer Charakter zukommt. »Man könnte das so machen, aber es käme viel zu teuer.« »Sie können diesen Anzug gerne haben. Aber ob man den nächstes Jahr noch sehen kann, ist sehr die Frage.« Man könnte das Ja ebensogut durch ein Nein ersetzen, also: »Nein, das ist zu teuer!« oder »Nein, dieser Anzug ist nichts für Sie!« Das *(Ja), aber, aber* des **Handlungstyps** wehrt zwischenmenschliche Aspekte ab, Gefühle, Bedürfnisse und Spontaneität. Er wird das *Ja* so einschränken, daß ein Nein daraus wird, etwa: »Das gilt zwar für . . ., aber nicht für Sie!«

Die deutliche Abgrenzung des echten *Ja, aber* des **Beziehungstyps** vom *Ja, ja, (aber)* des **Sachtyps** und dem *(Ja), aber, aber* des **Handlungstyps** soll keine neuen Spielbezeichnungen einführen. Ich möchte damit deutlich machen, wie notwendig es ist, genau hinzusehen. Äußerlich ähnliche Verhaltensweisen können ganz unterschiedliche Ursachen, Dynamiken und Ergebnisse haben. Ungenauigkeiten in der Analyse führen zu einem unbefriedigenden Meinungswirrwarr. Doch noch wichtiger ist die zutreffende Diagnostik, um stimmige und wirksame Alternativen entwickeln zu können.

Das *Ja, aber . . .*-Spiel des **Beziehungstyps** hat folgenden Ablauf: Die Spielerin lädt mit ihrem liebenswürdigen Kind-Ich die anderen ein: »Ich habe folgendes Problem . . .« Diese Einladung ist deshalb so verführerisch, weil ein märchenhaftes Versprechen dahinter steht: »Ich bin in einer schlimmen Lage! Rette mich, und ich werde dich belohnen!« Die Spielerin wendet sich mit diesem Wunsch an das Erwachsenen- oder Erkenntnis-Ich des oder der Mitspieler[1].

Auf der Ebene von Kind-Ich zu Kind-Ich signalisiert die Spielerin: »Ich hab' dich gern!«, an das Eltern-Ich der Mitspieler sendet sie die Botschaft:

1 Berne meint in seiner Analyse des *Ja, aber . . .*-Spiels, daß sich das Kind-Ich des Spielers an das »lebenskluge« Eltern-Ich der Mitspieler wendet. Dahinter steckt das transaktionsanalytische Vorurteil, daß sich das Kind-Ich immer an das Eltern-Ich und, umgekehrt, das Eltern-Ich an das Kind-Ich wende, vermutlich geleitet von dem Bild Kind-Eltern. Auch deshalb ziehe ich die Begriffe Beziehungs-Ich und Handlungs-Ich vor. Genaugenommen wechselt der Spieler selbst kurz in sein Erkenntnis-Ich, um das Erkenntnis-Ich der Mitspieler anzusprechen. Allerdings verhält er sich dort, im Erkenntnis-Ich, nicht kompetent, denkt nicht ehrlich mit.

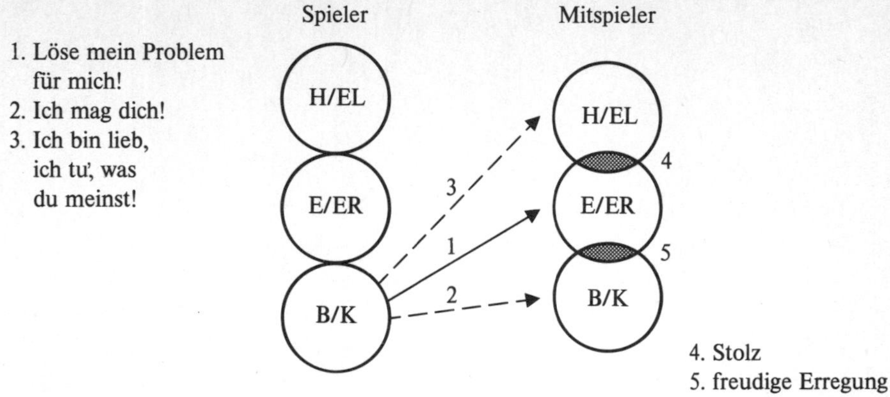

Spielanfang des *Ja, aber . . .*-Spiels

»Ich bin ein liebes Kind, das machen wird, was du mir vorschlägst!« Im Mitspieler löst das Stolz und freudige Erregung aus, und er wird sich Mühe geben, das vorgelegte Problem zu lösen.

Mit den Versprechungen und dem fortgesetzten *Ja, aber . . .*, mit dem sie alle Lösungsvorschläge zurückweist, fesselt sie die Aufmerksamkeit der Mitspieler und hält sie in Aktivität, zieht das Spiel in die Länge und »badet« sich in Erwachsenen-Ich-Zuwendung. Wenn dann die Einlösung der verdeckten Versprechen fällig wird, weil die Bereitwilligkeit der Mitspieler sich zu erschöpfen droht, wechselt sie in ihr kritisches Eltern-Ich.

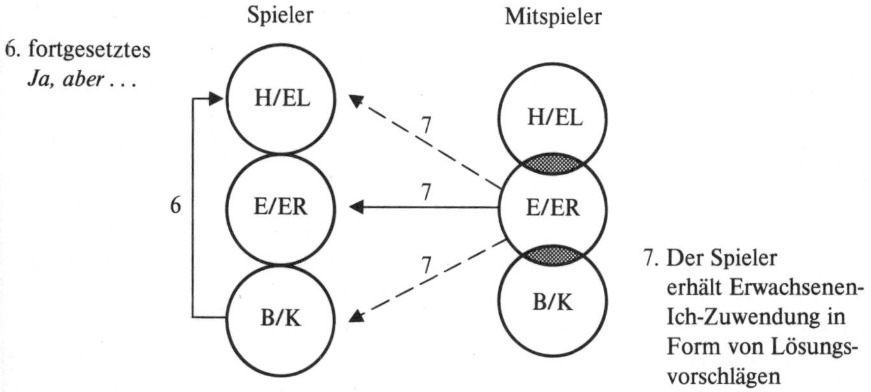

Spielmitte des *Ja, aber . . .*-Spiels

Nun spricht sie aus oder signalisiert: »Ihr seht ja selbst, ihr könnt mein Problem nicht lösen!« Die Botschaft ihres Eltern-Ichs an das der Mitspieler lautet: »Ihr seid unfähig! Ich bin euch allen überlegen!« und die an das Kind-Ich der Mitspieler: »Zur Strafe geht ihr leer aus! Ihr bekommt von mir keine Zuwendung!« Die Mitspieler reagieren enttäuscht, niedergeschlagen oder verärgert.

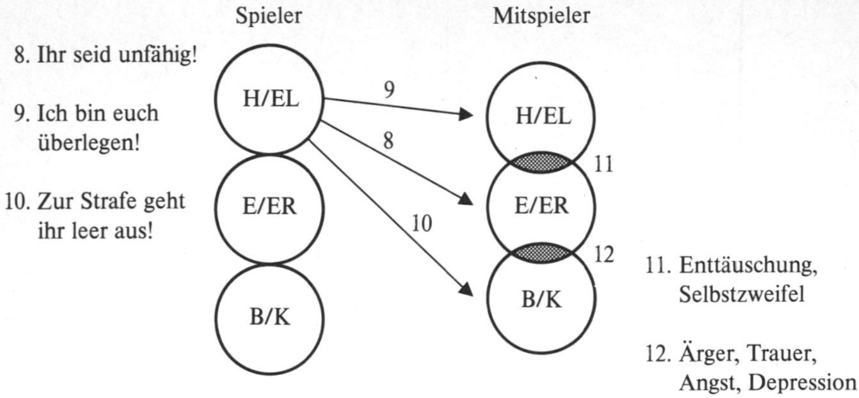

Spielende des *Ja, aber . . .*-Spiels

Die Ersatzbefriedigung des *Ja, aber . . .*-Spielers ist der heimliche Triumph über die anderen und die Erleichterung darüber, daß er die vorher signalisierten Versprechen nicht einlösen muß. BERNE zielt in seiner Analyse des *Ja, aber . . .*-Spiels auf den Spielausgang ab: »Das eigentliche Ziel des Spiels liegt also nicht darin, Lösungsvorschläge zu erhalten, sondern darin, sie zu verwerfen« (S. 155) oder »Ein guter Spieler ist in der Lage, die Vorschläge der anderen mit seinen Einwänden auf unbegrenzte Zeit hinaus zu parieren; schließlich geben alle das Spiel auf, und er gewinnt« (S. 152).

Diese Spielanalyse wird dem *Aber,* das heißt dem Wechsel ins kritische Eltern-Ich gerecht, nicht jedoch dem *Ja.* Denn der *Ja, aber . . .*-Spieler genießt den Spielverlauf mindestens so sehr wie den Spielausgang. Letzterer kann besonders dem **Beziehungstyp 2** sogar eher peinlich sein, da dieser ja die subtileren Formen der Machtspiele, z.B. das Sich-Aufopfern und Retten bevorzugt. Das *Aber* bringt ihn in Konflikt mit seinem Antreiber, es anderen recht machen zu müssen.

Wenn er das Spiel in möglichst verbindlicher Form in die Länge zieht: »Das ist eine großartige Idee, ausgezeichnet, nur leider . . .«, so tut er das, um das Erwachsenen-Ich 1 und 2 der Mitspieler zu beschäftigen. Dabei holt er sich etwas von dem, was ihm selbst mangelt: Aufmerksamkeit, Sich-Spüren, Sammlung, konzentriertes, ruhiges, realitätsbezogenes Nachdenken sowie entspanntes Bei-sich-selbst-Sein. Das tut ihm gut, denn er gleicht damit vorübergehend seine eigene Erwachsenen-Ich-Schwäche und sein Defizit an Selbst-Sein aus. Dieser Mangel wird als eine Art Angst vor der Leere empfunden. So äußerst sich eine *Ja, aber . . .*-Spielerin: »Eine Pause im Gespräch kommt mir unerträglich vor.« (BERNE, S. 69)

Die Mitspieler werden je nach ihrer eigenen Persönlichkeit und den eigenen Spielneigungen unterschiedlich auf ein *Ja, aber . . .*-Spielangebot reagieren. Bei manchen Führungsseminaren erlebe ich, wie die Teilnehmer sofort Gegenfragen stellen. Damit fordern sie den Spieler heraus, sein eigenes Erwachsenen-Ich zu benützen, und durchkreuzen sein Spielangebot. **Handlungstypen** neigen dazu, ihr »lebenskluges Eltern-Ich und ihre Lebenserfahrung« (BERNE, S. 153) ins Spiel zu bringen. Doch sie reagieren relativ rasch ärgerlich, wenn sie erleben, wie ihre Ratschläge wiederholt zurückgewiesen werden.

Ein **Beziehungstyp** wird möglicherweise der *Ja, aber*...-Spielerin bestätigen: »Ihr Problem hat mich tief bewegt, mir geht es da ganz ähnlich ...«, um dann die Aufmerksamkeit der Mitspieler auf die eigene Situation zu lenken und der ersten Spielerin die Schau zu stehlen. Oder er solidarisiert sich mit der Spielerin und weist alle Versuche, das Spiel zu durchkreuzen, empört zurück.

Der »ideale« Mitspieler für ein *Ja, aber*...-Spiel ist der geduldige und gutmütige **Sachtyp.** Er bringt sein gut entwickeltes Erwachsenen-Ich ins Spiel. Die Hoffnung, für seine klugen Ratschläge anerkannt und durch Zuwendung belohnt zu werden, macht ihn bereit zu unendlichen Anstrengungen. Wenn dann die halbherzig eingeforderte Belohnung ausbleibt, übernimmt der **Sachtyp** noch relativ bereitwillig die Verliererrolle.

Seine Spiele *Warum muß das ausgerechnet immer mir passieren!* oder *Mach(t) mich fertig!* sind passende Ergänzungen zu den Machtspielen des **Beziehungstyps.** Daß er es wieder einmal nicht geschafft hat und leer ausgegangen ist, führt er auf seine eigene Unfähigkeit zurück. Immerhin kann er sich in seiner Opferrolle ja noch von anderen bedauern und trösten lassen.

Stößt ein *Ja, aber*...-Spieler auf einen **Handlungstyp,** so ergeht es ihm wie im Märchen vom Hasen und dem Igel. Der eitle Hase wurde nicht nur um die Aufmerksamkeit betrogen, auch die Siegerposition war immer schon besetzt, und es tönte ihm entgegen: »Ich bin schon da!« Der Spieler erhält nicht die begehrte Erkenntnis- oder Erwachsenen-Ich-Zuwendung, sondern der **Handlungstyp** antwortet aus dem Handlungs- oder Eltern-Ich: »Daraufhin schalten die anderen auf ihr lebenskluges Eltern-Ich um und sind eifrig bestrebt, mit ihrer Lebenserfahrung dem Kind-Ich von Frau Weiß zu helfen. (BERNE, 1970, S. 153). Damit ist zugleich die überlegene Position besetzt[1].

1 BERNE hat in seiner ausführlichen Analyse des *Ja, aber*...-Spiels viele Merkmale zutreffend beschrieben, etwa, daß das Spiel vom Kind-Ich ausgeht, daß es um den Sieg des Spielers über die anderen geht, daß das Ziel des Spiels nicht darin liegt, Lösungsvorschläge zu erhalten, sondern darin, sie zu verwerfen, auch, daß die Spielerin selbst ins Eltern-Ich wechseln kann, um »das Kind-Ich in einem anderen Menschen zu beherrschen«. Auch die angebotenen Antithesen sind zutreffend, etwa wenn das Erwachsenen-Ich der Spielerin angesprochen wird: »Das ist ein sehr schwieriges Problem. Was wollen Sie denn in diesem Fall unternehmen?« Was er beschreibt, ist ein gescheitertes *Ja, aber*...-Spiel (siehe: Der Hase und der Igel), die Teilnehmer antworten aus dem Eltern-Ich, und die Spielerin bleibt im Kind-Ich (BERNE, *Spiele der Erwachsenen,* 1970).

18. Andere Spiele des Beziehungstyps

In den Spielen des **Beziehungstyps** geht es um Verführung mit dem Ziel, Aufmerksamkeit und gedankliche Zuwendung zu gewinnen, um dann, über die Frustration des Mitspielers oder der Mitspieler, in einer überlegenen Position zu enden. Im Vergleich dazu: Der **Sachtyp** endet in der rachsüchtigen Position, nachdem er zuvor durch gekonnt ungeschicktes Verhalten Aggressionen freigesetzt hat. Er verführt andere nicht zum Spiel, sondern zieht sie mit hinein. Spiele des **Beziehungstyps** haben deshalb einen glänzenden Showcharakter, sind dramatisch und häufig sexuell stimulierend, während die Spiele des **Sachtyps** eher schäbig und tragikomisch wirken. Es tut weh zu sehen, wie sich jemand in Schwierigkeiten bringt, seine Chancen vermasselt. Man schwankt zwischen schadenfrohem Lachen, Mitleid und Ärger.

Die Spiele des **Handlungstyps** geben sich einen anständigen, rechtschaffenen und verantwortungsbewußten Anstrich. Sie bevorzugen das ethische Pathos, werden im Namen der Jugend, der Tüchtigkeit, der Bildung, des Fortschritts, der Ehre, des Volkes, der Moral, des rechten Glaubens, des Vaterlandes, der höheren Werte, des Wahren, Schönen und Guten gespielt. In Wirklichkeit sind diese Spiele menschenverachtend. Gesellschaft, Politik und Geschichte zeigen ihr wahres Gesicht: Langeweile, Monotonie, Bürokratismus, Unterdrückung, Folter und Krieg.

BERNE hat viele Spiele des **Beziehungstyps** beschrieben. Neben den schon beschriebenen Macht- und Verführungsspielen wie *Jetzt hab' ich dich . . .,* dem erotischen *Strumpfspiel* oder dem besserwisserischen *Ja, aber . . .*-Spiel gehören dazu die Retter- und Opferspiele wie *Überlastet* sowie Frustrationsspiele wie *Frigide Frau, Hilfe! Vergewaltigung!, Gerichtssaal, Wenn du nicht wärst* und *Makel.* Bei diesen Spielen stellt sich der Spieler auf dramatische Weise in den Mittelpunkt der Aufmerksamkeit, wobei er entweder erotisch gefärbte, gedankliche, bewundernde oder solidarische Beachtung sucht: »Was hat man dieser Frau angetan, ist das nicht schändlich?«

In *Frigide Frau* beschreibt BERNE ausführlich, wie die Ehefrau auf eine ganz »unschuldige« Weise die sexuellen Erwartungen ihres Mannes bestärkt, um ihn dann »gekränkt« zurückzuweisen. In *Gerichtssaal* oder *Schätzchen* lassen er oder sie in der Öffentlichkeit durchblicken, wie der andere »wirklich« ist. Dies ist zugleich eine Einladung zum Spiel *Ist es nicht schrecklich.* Ein besonders hartes Verführungs-Frustrations-Macht-Spiel ist *Hilfe! Vergewaltigung!.* Nicht Intimität und sexuelle Befriedigung sind das Ziel, sondern sie sind Mittel zur Machtausübung. Es endet damit, daß der Verführte der Dumme ist, in einer Falle sitzt, etwa ein Lehrer, der sich mit einer Schülerin, ein Angestellter, der sich mit der Frau seines

Chefs, ein Politiker, der sich mit einer Frau von zweifelhaftem Ruf eingelassen hat. Die Verführerin erlebt sich nun als bemitleidenswertes Opfer eines Wüstlings, unterrichtet den unnachsichtigen Vorgesetzten, den rachsüchtigen Ehemann oder die Öffentlichkeit. Und das Opfer fragt sich zu spät: »Wie konnte ich nur so dumm sein?«

Dieses Verführungsspiel verweist darauf, daß der Spieler in der ödipalen Phase (3. bis 5. Lebensjahr) hängengeblieben ist. Als Kind wird er wahrscheinlich die Erfahrung gemacht haben, daß Erwachsene abhängig auf sein kindliches Flirten reagiert haben, erregt oder eifersüchtig. Er hat erlebt, daß er mit erotischem Verhalten Macht ausüben kann. Zugleich aber fürchtet er sich vor den Folgen; diese Furcht ist vermutlich vermittelt über die Ängste und das schlechte Gewissen der Erwachsenen. Dies erklärt das »zwanghafte« Verführungsverhalten, verbunden mit großer Angst vor wirklicher Nähe.

Für Vorgesetzte ist es wichtig, das verführerische Verhalten von Mitarbeiterinnen richtig einzuschätzen. Da sich der Vorgesetzte psychologisch gesehen in einer »Vaterrolle« befindet, werden auf ihn alte Bedürfnisse und Erfahrungen übertragen. Doch hinter dem liebenswürdigen Lächeln der Spielerin lauern Zorn und Verachtung gegenüber dem schwachen, verführbaren Vater, der das Kind um eine gesunde Entwicklung betrogen hat.

Verhält sich dagegen der Vorgesetzte korrekt, ignoriert er die verführerischen Einladungen, so kann er mit einer guten Zusammenarbeit rechnen. Sie wird ihn achten und spüren, daß er es gut mit ihr meint. Denn er hilft ihr beim Erwachsenwerden. Sie kann etwas nachholen von der versäumten Entwicklung und die Erfahrung machen, »daß nicht alle Männer so sind«, nämlich schwach und verführbar.

Das am häufigsten zu beobachtende Spiel des **Beziehungstyps 1** als Führungskraft ist das Selbstretterspiel, das des **Beziehungstyps 2** das Fremdretterspiel. Beide gehen von tiefsitzendem Mißtrauen und Verachtung gegenüber anderen aus, als könnte man den anderen wenig zutrauen und sich nicht auf sie verlassen. Der **Beziehungstyp 1** zieht daraus den Schluß: »Ich muß alles Wesentliche selbst machen!« Damit drängt er seine Mitarbeiter in eine eher passive, unterverantwortliche Rolle, demotiviert sie und erlebt als »Bestätigung« seiner pessimistischen Erwartungshaltung, daß er sich tatsächlich nicht auf sie verlassen kann.

Der **Beziehungstyp 2** neigt dazu, andere zu retten. Er bietet seine Hilfe an, unterstützt sie, nimmt ihnen Arbeit ab. Diese Verwöhnungshaltung führt zu ähnlichen Ergebnissen. Die Eigeninitiative und Selbstverantwortung, der Einsatz und die Ausdauer der Mitarbeiter werden geschwächt. Sie erleben die Überfürsorge als Einmischung und Kontrolle. Sie spüren, daß dieses Retten keine echte Unterstützung ist, sondern ein Vorwand für die Führungskraft, alle Fäden in der Hand zu behalten, nicht wirklich Verantwortung delegieren zu müssen.

Beide Formen des Rettens sind ein massives Abwertungsverhalten gegenüber den Mitarbeitern. Doch sie sind schwer zu durchschauen. Müßte nicht der Selbstretter für seine überdurchschnittliche Tüchtigkeit anerkannt, der Fremdretter für seine außergewöhnliche Hilfsbereitschaft geschätzt werden? Um so mehr, als gerade diese Führungskräfte es besonders schwer haben, sind sie doch umgeben von schwachen Mitarbeitern, die wenig Überblick und Interesse zeigen. Sind sie in dieser Situation nicht geradezu gezwungen, die wesentlichen Dinge selbst zu machen und den Mitarbeitern zu helfen?

Das verführerische Element beim Retten liegt darin, daß **Beziehungstypen** gegenüber ihren Mitarbeitern die Beziehungsebene überbetonen, als käme es darauf an, ganz besonders liebenswürdig und freundlich zu sein. Doch das ist ein Ablenkungsmanöver. Denn sie selbst sind im verborgenen ehrgeizig und tüchtig und setzen für sich und andere hohe Leistungsmaßstäbe. Und der gutmütige Mitspieler, der glaubt, es mit einem besonders netten und hilfsbereiten Menschen zu tun zu haben, sieht sich unvermutet mit anspruchsvollen Maßstäben konfrontiert - und abgewertet!

19. Umgang mit Retterverhalten und Machtspielen

Die Bezeichnung »Spiele« könnte dazu verleiten, daß die Energie und die Dynamik unterschätzt werden, die bei solchen Transaktionen wirksam werden. Sie kommen aus einer tieferliegenden Schicht des Unbewußten, so daß es kaum ausreicht, sie verhaltenstherapeutisch zu behandeln, sondern sie müssen tiefenpsychologisch angegangen werden, um so mehr, als der Spieler über intuitive Geschicklichkeit und eine fast lebenslange Erfahrung verfügt. Denn Spiele werden in der Kindheit gelernt. Wenn man Spiele konfrontiert, muß man mit erheblichen Widerständen und mit Ärger rechnen.

Ob es gelingt, Spielen vorzubeugen oder Spiele zu stoppen, hängt von den Spielneigungen des Spielers ab. Mit den normalen sozialen Möglichkeiten kann man Spiele ersten bis zweiten Grades günstig beeinflussen, bei Spielen zweiten bis dritten Grades sind therapeutische, gegebenenfalls auch polizeiliche Maßnahmen erforderlich, geht es doch hier um Leben und Tod, um schwere Kriminalität, fortgeschrittenes Suchtverhalten, Terrorismus oder Suizid.

Es gibt einige beherzigenswerte Regeln für den Umgang mit Spielen, nämlich

harmlose Spiele zu ignorieren,
ernste Spiele zu konfrontieren und dem Spieler einsichtig zu machen,
harte Spiele zu stoppen, wenn man dazu in der Lage ist.

Die Weigerung, sich auf ein Spiel einzulassen, gibt dem Spieler die Chance, sich schrittweise von seinem Spielverhalten und seinen Spielneigungen zu lösen. Voraussetzung ist freilich, daß er diese Chance konstruktiv für sich nützt. Es ist auch möglich, daß er die Spielverweigerung als Kränkung wertet und sein Spielverhalten verschärft. Da solche Maßnahmen nicht das Defizit beseitigen, aus dem heraus der Spieler spielt, sind sie nur bedingt erfolgreich: man ist zwar darin geschult, Spiele zu erkennen und zu konfrontieren, doch nicht darin, die Spielneigungen zu »heilen«. Therapeutische Mißerfolgserlebnisse und die damit verbundenen narzißtischen Kränkungen haben dazu beigetragen, das Interesse an der Spielanalyse erlahmen zu lassen.

Deshalb ist gerade bei den Spielen Vorbeugen besser als Heilen. Im Umgang mit den unterschiedlichen Persönlichkeiten gibt es deshalb jeweils eine Verhaltensweise, die gewissermaßen Pflicht ist. Für den Umgang mit

dem **Beziehungstyp** ist das **akzeptierendes Verhalten,** verbunden mit Bestätigung und Aktivierung seines Erkenntnis- oder Erwachsenen-Ichs,

dem **Sachtyp anerkennendes Verhalten,** verbunden mit der Bestärkung und Aktivierung seines Handlungs- oder Eltern-Ichs,

dem **Handlungstyp** ein **freundschaftliches Verhalten,** verbunden mit Zuwendung für sein Beziehungs- oder Kind-Ich sowie dessen Aktivierung angemessen.

Das akzeptierende Verhalten, das den anderen so sieht und annimmt, wie er ist, ist in erster Linie eine Fähigkeit des Erwachsenen- oder Erkenntnis-Ichs. Es ist ein waches und gelassenes Hinsehen auf den anderen, die Bereitschaft, ihn so sein zu lassen, wie er ist. Dieses Akzeptieren ist sicher auch von Sympathie und Wohlwollen begleitet, also von Kind- und Eltern-Ich-Fähigkeiten, doch in der Hauptsache ist es ein nicht wertendes Erkennen und An-Erkennen des anderen. Das mag an Aussagen der idealistischen Philosophie erinnern, wonach »alles gut ist, wie es ist«. Man hat nicht begriffen, daß dies nur gültig und sinnvoll ist im Bereich **Erkennen,** nicht in den Bereichen **Handeln** oder **Beziehung.** Diese verstandesmäßige Zuwendung mit ihren spezifischen Auswirkungen wurde von der Psychotherapie viel zuwenig gesehen. Und gerade dem **Beziehungstyp** tut sie ganz besonders gut.

In diesem Zusammenhang möchte ich zwei weitere Maßnahmen empfehlen – Maßnahmen, die der Persönlichkeitsentfaltung und -entwicklung dienen. Beide haben den gleichen Ansatzpunkt, den Entwicklungsbereich des Spielers. Dies ist beim **Beziehungstyp 1** das Erkenntnis- oder Erwachsenen-Ich 1. Es ist zuständig für den konkreten Realitätsbezug. Beim **Beziehungstyp 2** ist es das Erwachsenen-Ich 2; seine Funktion ist das Durchdenken von Zusammenhängen. Eine weitere Funktion des Erwachsenen-Ichs ist das Ich und die Ich-Entwicklung. Es ermöglicht u.a. das wache und entspannte Bei-sich-selbst-Sein, die Fähigkeiten der Konzentration und des intuitiven Erkennens.

Eine der beiden Maßnahmen wird in der Gesprächsführung realisiert. Dort wird das Erwachsenen-Ich des Gesprächspartners aktiviert. Ein Weg ist, Fragen zu stellen, die auf den Realitätsbezug, das genaue Nachdenken oder das Sich-Spüren abzielen. Die zweite ist eine Motivationsmaßnahme, bei der Leistungen besonders hervorgehoben werden, die im Zusammenhang mit den Fähigkeiten des Erkenntnis- oder Erwachsenen-Ichs erbracht wurden. Eine freundliche und vertrauensvolle Atmosphäre in der Zusammenarbeit ist eine gute Voraussetzung dafür, daß der **Beziehungstyp** erst gar kein Bedürfnis hat, Spiele zu spielen. Dadurch läßt sich vermeiden, daß die frühen Erfahrungen der Zurückweisung und Lieblosigkeit in ihm reaktiviert werden. Bei Meinungsverschiedenheiten und Interessenkonflikten ist der **Beziehungstyp** besonders darauf angewiesen, daß der beziehungsmäßige Kontakt zu ihm nicht abgebrochen wird.

Die kooperative Zusammenarbeit mit klar abgegrenzten Verantwortungsbereichen unterstützt den **Beziehungstyp** darin, nicht zuviel Verantwortung zu übernehmen und Kompetenzen an sich zu ziehen. Die Mitarbeiter sollten sich nicht durch sein freundliches und hilfsbereites Wesen einlullen lassen, sondern ihm mit ebenbürtigen Leistungen begegnen.

20. Die Spiele des Sachtyps

Bei der Erfüllung der häuslichen Aufgaben sind auch die Kinder beteiligt. Aufgabe des siebenjährigen Sohnes ist, rechtzeitig Holz aus dem Keller zu holen. Er hat es »vergessen«. Sein Vater erinnert ihn ruhig an seine Aufgabe, da das Feuer auszugehen droht. Der Sohn stöhnt gequält: »Nie kann man richtig spielen. Immer muß man dieses blöde Holz holen.« Der Vater besteht weiter darauf. Seine Stimme klingt immer noch ruhig. Da fällt dem Sohn ein: »Ich habe so viel Hausaufgaben zu machen. Ich kann nicht auch noch Holz holen. Das muß heute jemand anders machen.« Der Vater hält mühsam seinen Ärger zurück und fordert ihn nun in strengem Ton auf, endlich zu gehen. Darauf nimmt der Sohn den Holzkorb und macht sich unter Protesten und »Wenn er nicht wär', dann ...« auf den Weg in den Keller. Er läßt sich viel, viel Zeit. Während der Vater wartet und sich zunehmend ärgert, ist das Feuer am Ausgehen. Schließlich kommt der Sohn zurück, doch der Korb ist nur zu etwa einem Drittel gefüllt. Der Vater ist inzwischen stinksauer. Etwas später klingelt das Telefon. Die Leute, die ein Stockwerk tiefer wohnen, beschweren sich darüber, daß die ganze Treppe mit Holzspänen bestreut ist. Der Vater erlebt es so, daß ihm seine Unfähigkeit, den Sohn zu erziehen, nun auch noch objektiv bescheinigt wird. Ihm platzt endgültig der Kragen, und er schreit seinen Sohn an.

Der Sohn führt verschiedene Opferspiele vor, *Ich Ärmster, Holzbein* - wie kann man von jemandem, der so viel Hausaufgaben machen muß, erwarten, daß . . ., *Du siehst, ich gebe mir wirklich die größte Mühe* - als er schließlich geht, *Schlemihl* - als er den Vater warten läßt, die Aufgabe nur unzureichend erfüllt und es ihm noch gelingt, die Nachbarn mit einzubeziehen. Doch auch der Vater neigt zu Opferspielen. Statt seinen Ärger auszusprechen, gibt er sich lange gutmütig und ruhig. Er geht keineswegs so souverän mit der Situation um, wie er sich und seinem Sohn vormachen will. Schließlich sitzt er selbst in der Position des Opfers. Dazu paßt der Wutausbruch, der seine Hilflosigkeit noch unterstreicht.

Dieses Beispiel zeigt, daß keineswegs nur im Drama-Dreieck gespielt wird, also Opfer mit und gegen Verfolger, Opfer mit und gegen Retter, Retter mit und gegen Verfolger. Es gibt auch konkurrierende Spiele um die Retter-, Verfolger- oder, wie hier, die Opferposition: Wer ist der Ärmste, der Belastetste, wer gibt sich die größte Mühe, ist am meisten vom Pech verfolgt? Bei starken Spielern setzen sich die Spielneigungen der Persönlichkeitsstrukturen gegenüber den Spielimpulsen des Drama-Dreiecks durch.

Zur Ergänzung: In dieser Familie konkurrierten Mutter und Tochter um die Retterposition, während die Nachbarn bereitwillig die unbesetzte Verfolgerposition übernahmen. Diese Konstellation wurde dadurch aufrechterhalten, daß die Tochter sich ihnen gegenüber kühl und schnippisch gab, während der Sohn grundsätzlich »vergaß«, sie zu grüßen. Das wiederum gab den Nachbarn Gelegenheiten, »erzieherisch« auf ihn einzuwirken.

Vielleicht läßt sich bereits an diesem alltäglichen Beispiel absehen, daß Opferspiele ebenso »aktiv« und »hart« gespielt werden können wie Retter- oder Verfolgerspiele. Freilich spielen bewußte Entscheidungen hierbei kaum eine Rolle: diese übernehmen Dritte oder, stellvertretend, das Schicksal. Und der Opferspieler kann durchaus glaubwürdig das Spiel *Warum muß das ausgerechnet immer mir passieren?* beginnen. BERNE beschreibt diesen Mechanismus im Verfolgerton: »Solche Menschen werden von der Gesellschaft ausgestoßen, von den Frauen sitzengelassen und von ihren Arbeitgebern entlassen.« (S. 104)

Da sich das Spielgeschehen beim Opferspiel auf die Umwelt des Spielers verlagert - andere behandeln ihn ungerecht, und das Schicksal setzt ihm zu

–, muß hier der gesamte Lebenszusammenhang gesehen, die isoliert psychologische Sichtweise aufgegeben werden: Da der Opferspieler keine bewußte Verantwortung übernimmt und die Entscheidungen dem Unbewußten überläßt, fließt auch die Weisheit des Unbewußten mit in die Ergebnisse ein. In dem Unglück, das ihm widerfährt, steckt immer auch ein Stück Glück. Vielleicht war es gut für ihn, von dieser Gesellschaft, dieser Frau, diesem Arbeitgeber getrennt zu werden? Damit diese Sichtweise für ihn fruchtbar wird, müßte er freilich seine Opferhaltung aufgeben und nachträglich die Verantwortung für das Geschehen übernehmen. Tut er das nicht, so bleibt ihm nur der schale Trost des Fuchses, der die Trauben als sauer bezeichnet, die er nicht erreichen kann.

Wie destruktiv Opferspiele verlaufen können, zeigt der Lebensweg eines jungen Mannes, der schließlich an Leukämie stirbt:

Er ist sehr begabt, macht aber nur einen Hauptschulabschluß. Er beginnt eine Lehre als Koch, bricht sie ab und läßt sich umschulen für den EDV-Bereich. Er macht zwangsläufig Schulden. Während der Trennungsphase von seiner Freundin wird diese schwanger, woraufhin er sie heiratet. Sie ziehen in eine ebenerdige Wohnung an einer sehr verkehrsreichen Straße, müssen mit Lärm und Abgasen leben. Die Miete für die Wohnung zahlt seine Mutter. Nach Abschluß der Umschulung wird der junge Mann arbeitslos. Seine Frau ist Sozialarbeiterin und arbeitet nun wieder in einem Team zumeist gleichaltriger Mitarbeiter. Während er eher depressiv wirkt, ist sie betont fröhlich, liebenswürdig und kontaktfreudig. Er ist eifersüchtig auf ihre Kontakte. Er quält sie mit seiner Eifersucht. Sie wirft ihm seine Abhängigkeit von seiner Mutter vor, sein distanziertes Verhältnis zu ihrem kleinen Sohn, seine ständige schlechte Laune, daß sie immer sparen müßten und sich nichts leisten könnten. Er fühlt sich als Versager. Wieder beschließen sie, sich zu trennen. Dann wird er krank. Seine Frau fühlt sich nun verpflichtet, bei ihm zu bleiben. Die schon beschlossene Trennung wird rückgängig gemacht. Seine Frau ist nun viel zu Hause. Die Beziehung macht nun einen harmonischen Eindruck. Sie pflegt ihn bis zu seinem Tod. Als er stirbt, ist er 22 Jahre alt. Sie erfährt sehr viel Anteilnahme. Nach dem Tode ihres Mannes zieht sie mit einer Freundin zusammen. Das Mutter-Kind-Projekt erlaubt ihr, sich ganz ihrem Kind zu widmen. Sie ist mit ihrem Leben zufrieden, und ihr Junge entwickelt sich gut.

Die Opfer- und Zuwendungsspiele des **Sachtyps** haben folgende gemeinsame Merkmale: Sie gehen von einem scheinbar gelassenen und vernünftigen Erwachsenen-Ich aus, dem Persönlichkeitsbereich des **Sachtyps.** Statt eigene Bedürfnisse und Interessen zu äußern, statt zu wollen und zu handeln, nimmt der **Sachtyp** eine »objektive« Haltung ein, verhält sich unpersönlich und sachlich. Dadurch versäumt er, für sich und andere zu sorgen. Doch dieses Erwachsenen-Ich ist innerlich verunsichert. Vielleicht kann er es deshalb nicht verlassen und muß es angestrengt zusammen- und aufrechthalten. Auf die Mitspieler macht der Opferspieler zunächst einen gutmütigen, offenen und verständnisvollen Eindruck. Damit lädt er sie zum Spiel ein.

Während des Spiels holt sich der **Sachtyp** Zuwendung aus dem Eltern-Ich der Mitspieler. Er läßt sie Verantwortung übernehmen, sucht bei ihnen Fürsorge und Anerkennung, Hilfe und Erlaubnisse, Schutz und Rückhalt. Dieses Bedürfnis nach Eltern-Ich-Zuwendung entspringt seiner Schwäche im eigenen Entwicklungsbereich Eltern-Ich. Der Opferspieler vernachlässigt seine eigenen Schlüsselfähigkeiten und beutet dafür die der anderen aus. Dieser Abschnitt des Spiels wird soweit wie möglich ausgedehnt. Er meint so dringend auf diese Eltern-Ich-Zuwendung angewiesen zu sein, daß er auch negative Zuwendung in Kauf nimmt.

Der plötzliche Wechsel zum gekränkten, depressiven oder rebellischen Kind-Ich ist allgemein das Spielziel des **Sachtyps:** der Wechsel von seinem Persönlichkeitsbereich Erwachsenen-Ich in seinen Zielbereich Kind-Ich. Dieser Wechsel wird so vorbereitet, daß er seine Mitspieler durch ungeschicktes, fehlerhaftes, unsensibles und trotziges Verhalten provoziert. Reagierten sie zunächst mit Hilfsbereitschaft und Mitleid, versuchten ihn also zu »retten«, so beginnen sie sich nun über ihn zu ärgern und ihn zu »verfolgen«. Er fühlt sich ungerecht behandelt, empört sich und nährt in sich Haß- und Rachegefühle ihnen gegenüber.

Der wenig entwickelte **Sachtyp** reagiert fast ausschließlich mit seinem Erkenntnis- oder Erwachsenen-Ich. Da er sein Handlungs- oder Eltern-Ich wenig benützt, ist er wenig durchsetzungsfähig. Und da er sein Beziehungs- oder Kind-Ich vernachlässigt, wirkt er gefühlsarm. Die eigenen nicht gelebten Persönlichkeitsanteile erlebt er bei anderen, jedoch eher negativ und gegen ihn gewandt. Die anderen scheinen ihn zu benachteiligen, zu unterdrücken (Eltern-Ich), auszuschließen von Spaß und gemeinsamen Freuden, zu hintergehen und zu verlassen (Kind-Ich).

Da er sich darauf verläßt, daß andere für ihn sorgen, geht er oft leer aus. Doch auch seine Enttäuschung und seinen Ärger schluckt er hinunter. Aus einem übergroßen Harmoniebedürfnis heraus stellt er keine Forderungen, mutet anderen und sich zuwenig zu und fordert sie dazu auf, ihn zu unterschätzen. So sammelt er Niederlagen und »Schicksalsschläge« und innere Wut an. Statt Situationen zu klären und die Auseinandersetzung mit anderen zu suchen, zieht er sich zurück und verschließt sich.

Das Mißverhältnis zwischen angestauter Wut im Inneren und gutmütiger Harmlosigkeit nach außen macht ihm selbst angst und bedroht sein Erwachsenen-Ich. Dann kommt es bei nichtigen Anlässen, etwa wenn er sich benachteiligt, ungerecht behandelt oder hintergangen fühlt, zu cholerischen Ausbrüchen. Aus diesem verunsicherten Erwachsenen-Ich heraus inszeniert er seine Opfer- und Zuwendungsspiele. Dabei gibt er sich anderen gegenüber ruhig und überlegt. Seine unbefriedigten Bedürfnisse, seine Enttäuschungen und seine Wut schirmt er ab mit einer dicken Watteschicht aus Harmonie.

Die Mitspieler meinen, sie hätten es mit einem besonders gutmütigen und geduldigen Menschen zu tun. Sie ahnen nichts von der Unzufriedenheit, dem Haß und der Rebellion, die er mit sich herumträgt. Anaïs Nin, die in ihren Tagebüchern (1931–1934) den jungen Henry Miller beschreibt, hat dies gespürt: »Manchmal habe ich das Gefühl, daß seine Freundlichkeit nicht ganz echt ist. Sie ist seine Art der Verführung. Der Entwaffnung. Sie verschafft ihm überall Zutritt, macht glaubwürdig. Sie ist eine Verkleidung des Beobachters, des Kritikers, des Anklägers in ihm. Seine Härte ist maskiert. Sein Haß, sein Aufruhr. Sie sind äußerlich nicht erkennbar, werden nicht ausgespielt.«

Dafür macht er andere wütend, läßt sie seine Wut stellvertretend für ihn ausleben. Er vergißt wichtige Termine, versäumt es, Informationen weiterzugeben, macht dumme Fehler, verhält sich ungeschickt, legt sich mit den falschen Leuten an, mischt sich in Dinge ein, die ihn nichts angehen, verhält sich in emotionalen Situationen betont sachlich, versetzt andere, verbaut sich gute Möglichkeiten, macht sich auf unangenehme Weise wichtig, belehrt andere, wertet sich öffentlich ab, stellt andere »unabsichtlich« bloß, macht faule Kompromisse oder äußert überharte Kritik (»man wird ja auch mal was sagen dürfen«), kurz, er verfügt über ein nahezu unerschöpfliches Reservoir an Einfällen, wie er anderen auf die Nerven gehen und sich negative Zuwendung holen kann.

Ein typisches Opfer- und Zuwendungsspiel ist das Spiel *Mach mich fertig* (BERNE, 103–105): Jemand begibt sich schlecht vorbereitet und ungeschützt in eine für ihn lebenswichtige Situation. Dies kann eine Prüfung

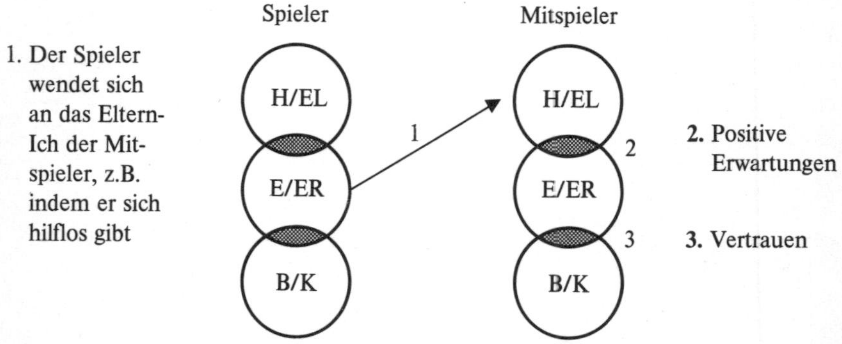

Spielanfang des *Mach mich fertig*-Spiels

sein, ein Vorstellungsgespräch, ein Treffen mit einem Geschäftspartner, bei dem es um einen wichtigen Abschluß geht, ein Risikogeschäft, in das er viel Geld investiert, oder ein Berufswechsel. Dabei verhält er sich, als sei er »von allen guten Geistern verlassen« – verlassen nämlich von seinem lebensklugen Eltern-Ich und der intuitiven Menschenkenntnis seines Kind-Ichs.

Er gibt sich vernünftig, sachlich, überlegt, gutgläubig und vertrauensselig. Er spürt wenig davon, wie eingeschränkt und verunsichert sein Erwachsenen-Ich agiert, denn er ist ganz mit der Sache beschäftigt und damit, angestrengt und fieberhaft nachzudenken. »Immer wenn ich einer großen Belastung ausgesetzt bin, gerate ich ganz durcheinander.« (BERNE, S. 104) Erst wenn er in der Falle sitzt, faßt er sich an den Kopf und fragt sich ungläubig und fassungslos: »Wie konnte ich nur so blöd sein/das zu übersehen/zu vergessen?«

So hat beispielsweise ein Fortbildungsteilnehmer ein Referat über ein recht schwieriges Thema vorbereitet. Beim Vortragen ist er zwar äußerlich ruhig, doch innerlich sehr aufgeregt. Man merkt, daß er weder sich selbst noch die Teilnehmer wahrnimmt. Er wirkt sehr bemüht und angestrengt. Gelegentlich redet er mit sich selbst: »Wo habe ich das jetzt?« oder: »Jetzt muß ich aufpassen!« Zwischendurch entstehen längere Pausen, wenn er nach Schaubildern in Büchern sucht, die dann viel zu klein sind, um von den Teilnehmern erkannt zu werden. Er spricht Fremdwörter falsch aus, legt, als er etwas an der Tafel erklärt, den Kopf auf den rechten Oberarm und diesen auf den Tisch. Das wirkt alles so ungewollt komisch, daß die Teilnehmer zunehmend mit dem Lachen kämpfen. Auch dies bekommt der Vortragende (bewußt) nicht mit, fühlt sich allerdings recht »geschafft« nach seinem Referat.

Zu Spielbeginn fühlen sich die Mitspieler geschmeichelt und in ihrem Eltern-Ich angesprochen. Sie genießen es, in der überlegenen Rolle zu sein, geben dem Opferspieler gute Ratschläge und unterstützen ihn. Es entsteht so etwas wie ein Eltern-Kind- oder Lehrer-Schüler-Verhältnis. Der Schüler scheint zu den schönsten Hoffnungen Anlaß zu geben, doch dann fängt er an Schwierigkeiten zu machen, die Mitspieler zu ärgern und zu enttäuschen. Doch da sie sich in ihrer fürsorglichen Retterrolle oder vernünftigen Verfolgerrolle wohl fühlen, übersehen sie zunächst seine Fehlleistungen. Daraufhin verstärkt der Opferspieler sein Spiel.

Reagieren die Mitspieler ärgerlich, so nimmt der Opferspieler dies zum Anlaß, sich in sein gekränktes Kind-Ich zurückzuziehen. Oft bricht er den Kontakt zu seinen »Wohltätern« völlig ab und nährt eine ungerechtfertigte Wut gegen sie. Er sieht das Sprichwort bestätigt: »Undank ist der Welt

4. Der Spieler erhält Eltern-Ich-Zuwendung, z.B. gute Ratschläge, Unterstützung, Fürsorge

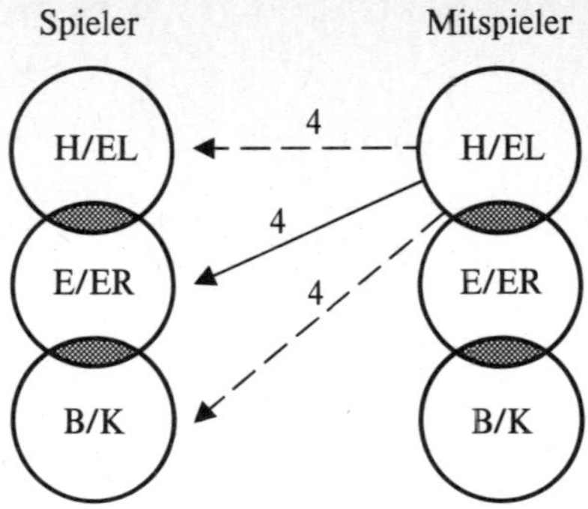

Spielmitte des *Mach mich fertig*-Spiels

Lohn!« Seine Spielzüge können ein hohes Maß an gegen sich selbst gerichteter Destruktion zeigen, verbunden mit dem Vorwurf an andere: *Sieh bloß, was du angerichtet hast.*[1]

Gelingt es den Opferspielern, ihre Spielneigungen zu überwinden und ihre Schlüsselfähigkeiten zu entwickeln, wirkt sich ihr ganzheitliches Verhalten, das über das Unbewußte Umwelt und Mitmenschen »steuert«, positiv für sie aus. Sie können nun »oft weit über ihre eigenen Erwartungen hinaus Erfolg auf Erfolg häufen«, und es kann »im besten Sinne des Wortes zur Reifung der Persönlichkeit« führen (BERNE).

Dem *Mach mich fertig*-Spiel sehr ähnlich ist das Spiel *Schlemihl*, was soviel wie Schlaumeier bedeutet. Der Name deutet darauf hin, daß hier der Spieler »gewinnt«, daß er sein destruktives Verhalten ungestraft ausleben kann. Voraussetzung dafür ist, daß den Mitspielern die Hände gebunden, daß sie erpreßbar sind. Das kann an der Situation liegen, ihrem Harmoniebedürfnis oder ihrem Retterverhalten. Ein literarisches Beispiel dafür ist der brave Soldat Schwejk. Mit seinem Talent, bei allen geeigneten und ungeeigneten Situationen Geschichten zu erzählen, unterläuft er die Regeln und das falsche Pathos des Kriegs und rettet damit schließlich noch sein Leben. Er ärgert seine Vorgesetzten, zieht seinen Nutzen daraus und hat noch die Lacher auf seiner Seite.

BERNE bringt das Beispiel einer gesellschaftlichen Einladung: *Ein* Schlemihl-*Spieler gießt (scheinbar versehentlich) seinen Cocktail aufs Abendkleid der Gastgeberin. Der Gastgeber will zunächst wütend reagieren, reißt sich dann aber zusammen und akzeptiert die Entschuldigung. Dies nimmt der Spieler zum Anlaß, um eine weitere Ungeschicklichkeit zu begehen.*

1 »Jeden Fehler, den er macht, kann er somit gegen andere verwenden, um ihnen Vorwürfe zu machen. Vorgesetzten gegenüber wird dieses Verhalten selbstzerstörerisch und kann zur Kündigung des Beschäftigungsverhältnisses führen . . . Der Rebellische spielt dann eine Variante von *Warum muß das ausgerechnet immer mir passieren?*, der Depressive *Jetzt hat's mich wieder erwischt!* (beide gehören zu den *Mach mich fertig!*-Spielen).« BERNE, *Spiele der Erwachsenen*, S. 88.

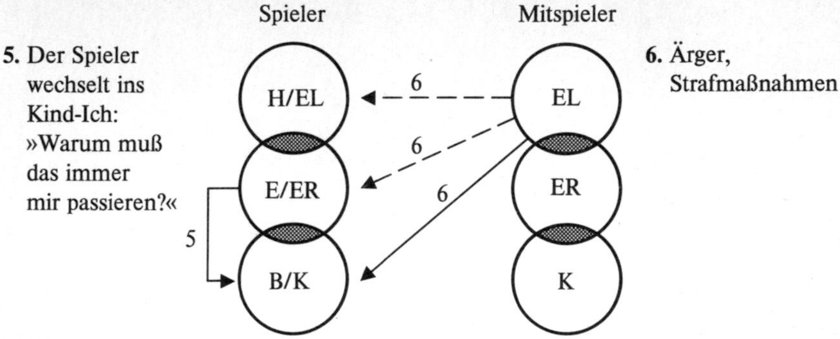

Spielende des *Mach mich fertig*-Spiels

Schlemihl-Spieler haben eine besondere Begabung, die Schwachstellen ihrer Mitspieler herauszufinden und auszunützen. Während in BERNES Beispiel der Spieler die Gastfreundschaft und Höflichkeit für sein Spiel mißbraucht, kann der »Wissensdrang« dieselbe Funktion z.B. bei einer Fortbildungsveranstaltung erfüllen: der Spieler stellt interessiert und häufig Fragen, die dazu dienen, den Fortbildungsleiter als inkompetent erscheinen zu lassen. Eine andere Variante des *Schlemihl*-Spiels ist die schulterklopfende plump-vertrauliche Verbrüderung – etwa bei einem geselligen Beisammensein unter Arbeitskollegen – mit jemandem, zu dem das Verhältnis bekanntermaßen gespannt ist. Bei dem Spiel *Du siehst, ich gebe mir wirklich die größte Mühe* gibt sich der Spieler sehr eifrig, so daß man ihn für seinen Einsatz nur loben kann. Doch hat er eine besondere Begabung dafür, im richtigen Augenblick unauffällig das Falsche zu tun, so daß die Sache schiefgeht und sich niemand recht erklären kann, warum. Er jedenfalls kann darauf hinweisen, daß es an ihm nicht lag, denn er hat sich ja »die größte Mühe« gegeben.

BERNE beschreibt dieses Spiel zutreffend am Beispiel eines Ehemanns: *Meist geht der Ehemann auf eine Scheidung aus, obwohl er lauthals das Gegenteil behauptet, während seine Frau die Ehe weiterführen möchte. Der Mann sucht sozusagen unter Protest den Therapeuten auf und berichtet nur soviel, wie nötig ist, um der Frau seinen guten Willen zu demonstrieren . . . Mit fortschreitender Zeit zeigt er jedoch gegenüber dem Therapeuten eine in zunehmendem Maß ressentimentgeladene Pseudowillfährigkeit oder aber aggressive Streitlust. Daheim gibt er sich anfangs verständiger und zurückhaltender, benimmt sich aber bald schlimmer als je zuvor. Manchmal schon nach einer Konsultation, manchmal . . . erst nach fünf oder zehn Besuchen weigert sich der Mann, weiterhin zu den Gesprächen zu erscheinen, und geht statt dessen zur Jagd oder zum Angeln. Die Frau sieht sich nun ihrerseits gezwungen, die Scheidung einzureichen. Jetzt steht der Mann als schuldloser Teil da, denn schließlich hat ja die Frau die Initiative ergriffen, während er sei-*

nen guten Willen dadurch demonstriert hat, daß er den Therapeuten aufgesucht hat. Er befindet sich in der glücklichen Lage, jedem Anwalt, Richter, Freund oder Verwandten gegenüber zu sagen: »Du siehst (Sie sehen), welche Mühe ich mir gegeben habe!« (S. 134)

Diese Geschichte illustriert sehr schön die Merkmale eines Opferspiels. Zunächst gibt sich der Ehemann verständig und ist selbst von seinem guten Willen überzeugt. In der Praxis agiert er jedoch aus dem rebellischen Kind-Ich und schiebt alle Verantwortung seiner Frau zu. Bei Spielende kann er sich als armes Opfer bedauern und von einer möglichen Freundin trösten und »retten« lassen. Er versteht nicht, warum seine Frau so ärgerlich auf ihn ist, und kann andere von ihrem schlechten Charakter überzeugen. Verständlich, daß ein friedliebender und verträglicher Mensch wie er mit ihr nicht zurechtkommen kann.

Ich habe ein ähnliches Beispiel erlebt: *Die Ehefrau war ausgezogen, nachdem sie ihr Mann bei seinen wiederholten cholerischen Ausbrüchen tätlich bedroht hatte. Sie war auch seiner Trinkerei überdrüssig. Der Ehemann forderte von ihr, sie solle in die gemeinsame Wohnung zurückkehren. Er überredete seine Frau, eine gemeinsame Eheberatung bei einer kirchlichen Einrichtung aufzusuchen. Er hatte die Erwartung, daß die Therapeutin seiner Frau »ins Gewissen reden würde«. Obwohl es sein erklärter Wunsch war, seine Frau zurückzuhaben, tat er in den Gesprächen alles, um sie in ihrem Trennungswunsch zu bestärken. Er machte ihr Vorwürfe, stellte sie in schlechtem Licht dar, stieß Drohungen aus, verdächtigte sie der Untreue, versuchte ihr Angst und ein schlechtes Gewissen einzureden und sie mit Geldforderungen zu erpressen. Schließlich ging er zu ihrem Vorgesetzten und schwärzte sie dort an. Da sie Krankenschwester in einem christlich geleiteten Pflegeheim war, legte man ihr nahe, im Falle einer Scheidung zu kündigen. Die Ehe ist inzwischen geschieden; der Mann ist heute noch überzeugt, daß die Frau ihn böswillig verlassen hat, während er sich die größte Mühe gegeben hat, die Ehe zu retten.*

Im Spiel *Ich versuche nur, dir zu helfen!* verleitet der Spieler andere durch Ratschläge dazu, auf die falsche Karte zu setzen. BERNE hat dieses Spiel beim Pokern entdeckt (S. 192). Der Ablauf des Spieles zeigt die Merkmale eines Opfer- oder Zuwendungsspieles. Der Spieler tritt hilfsbereit und mit vertrauenerweckender Miene auf. Er vermeidet es, selbst eine Entscheidung zu treffen und Verantwortung zu übernehmen. Statt dessen veranlaßt er andere zu handeln. Wenn diese feststellen, daß sie falsch beraten waren, und ärgerlich reagieren, ist er bestürzt und versucht sich mit »Ich versuchte nur, dir zu helfen« herauszureden.

BERNE nennt als Alternative die berufliche Tüchtigkeit, die auf die Regeln des Berufsstandes achtet: »Bei ihnen tritt das berufliche Geschick an die Stelle angestrengter Bemühungen im verborgenen.« (S. 194) Hier wird der typische Antreiber des **Sachtyps** *Streng dich an!* angesprochen. Das erinnert an *Ich gebe mir wirklich die größte Mühe.* Doch diese Anstrengung verdeckt das darunterliegende wirksamere Verbot: *Schaff es nicht!* BERNE verweist im gleichen Kapitel auf die Verwandtschaft zum *Schlemihl*-Spiel.

Resignative Varianten dieser Spiele sind *Holzbein* und *Lumpentante* (S. 104). Während gewöhnlich ein Opferspiel manisch beginnt und depressiv endet, sind diese Spieler durch schlechte Erfahrungen nicht klug, sondern mutlos geworden. Sie trauen sich selbst zuwenig zu und weisen Anforderungen zurück mit einem Hinweis auf die (vermeintliche) Unzulänglichkeit: »Was erwarten Sie eigentlich von jemandem, der . . .?« Das »Holzbein« kann eine eingebildete Krankheit sein, Jugend oder Alter, das Geschlecht, zurückliegende Mißerfolge usw. BERNE beantwortet diese (Schein-)Frage mit: »Ich erwarte überhaupt nichts von Ihnen. Die Frage ist, was Sie eigentlich von sich selbst erwarten.« (S. 220)

Wie wirken sich die Spiele des **Sachtyps** im Berufsalltag aus? Sie sind, wenn er nicht Spiele zweiten oder dritten Grades spielt, weit weniger dramatisch, als es nach der obigen Beschreibung den Anschein haben könnte. Durch seine Berufserfahrung hat er gelernt, Fehlerquellen zu umgehen. Und was ihm an persönlichem Durchsetzungsvermögen fehlt, ersetzt er durch Sachkompetenz. Im Gegensatz zum **Beziehungstyp,** dessen Neigung zu Machtspielen und damit verbundenes Engagement eher karrierefördernlich sind, erreicht der **Sachtyp** oft nicht die berufliche Position, die seinen Fähigkeiten entspricht. Er ist dann zwar ein wohlgelittener und geschätzter Mitarbeiter, aber insgeheim ist er unzufrieden, fühlt sich unter seinem Wert gehandelt und ist neidisch und feindselig gegenüber jenen, die sich besser verkaufen können. So sind seine Probleme zunächst eher privater Natur, können sich aber ungewollt in sachlichen Fehlleistungen oder sozialem Fehlverhalten ausdrücken. Dann ist er erschrocken darüber, daß der Groll, den er innerlich genährt hat, nun als Ärger von außen auf ihn zurückschlägt.

Sein Verhältnis zu Kollegen und Mitarbeitern ist meist sachlich, partnerschaftlich und kooperativ. Mit Vorgesetzten hat er häufig Autoritätsprobleme, die er jedoch ihnen gegenüber nicht zeigt. Da ihm als Kind nicht erlaubt wurde, er selbst zu sein, sich klar und deutlich abzugrenzen und eine autonome Persönlichkeit zu entwickeln, neigt er in intimen Beziehungen zu symbiotischem Verhalten. Er will den Partner auf einschränkende Weise für sich selbst haben und reagiert auf jeden seiner/ihrer Versuche zur Loslösung und Eigenständigkeit gekränkt und wütend, was unvermeidlich zu Konflikten in der Beziehung führt. Auch wenn ihn dies sehr belastet, so gelingt es ihm doch recht gut, Privatleben und Beruf auseinanderzuhalten.

21. Umgang mit Opferverhalten und Zuwendungsspielen

Opfer- und Zuwendungsspiele provozieren als Gegenreaktion geradezu reflexartig ein erzieherisches Verhalten. Doch damit sind die Beteiligten schon ins Spiel verwickelt. Denn der Opferspieler sucht rettende oder verfolgende Eltern-Ich-Zuwendung, Mitleid oder Kritik. Wie kann man sich gegen diese Erziehungsreflexe schützen, die man schon in der Kindheit in- und auswendig gelernt hat und die von Generation zu Generation weitergegeben werden?

Ich möchte diese Frage typenspezifisch beantworten. Dem **Beziehungstyp** tut es gut, die Situation realistisch zu sehen: der andere ist kein kleines Kind mehr, sondern ein erwachsener Mensch, der selbst denken, erkennen und praktische Schlußfolgerungen ziehen kann. Wer für andere denkt und plant, macht ihn dümmer, als er ist oder sein müßte. Für den **Beziehungstyp** selbst ist es günstig, das Opferspiel des anderen mit einer interessiert-beobachtenden Haltung zu verfolgen, ohne Sentimentalität, ohne Mitleid oder Ärger, wie ein Kameramann oder ein Schriftsteller. Damit wird dem Opferspiel ein Teil seiner Bestätigung, seines Gewinns entzogen.

Es ist die gleiche Methode, wie sie bei einer Brandlöschung praktiziert wird: man sucht dem Feuer die Nahrung zu entziehen. Zwar kann man den Opferspieler nicht daran hindern, sich nun selbst zu bemitleiden und zu bestrafen oder andere Mitspieler zu suchen, doch das ist seine Sache. Die Spielverweigerung ist für den Spieler eine schmerzliche, aber heilsame Erfahrung, die ihm helfen kann, irgendwann sein Spiel aufzugeben. Mitspielen dagegen hieße, ihn in seinem Spiel zu unterstützen und zu bestärken und sich mitschuldig zu machen an seinem Elend.

Für den **Sachtyp** ist es besonders hilfreich, wenn er die Souveränität und Selbstverantwortung des Opferspielers im Auge behält - gerade dann, wenn sie der Spieler selbst leugnet. Er ist nicht wirklich hilflos, sondern spielt »souverän« den Hilflosen, er ist nicht wirklich unfähig, sondern spielt »gekonnt« den Unfähigen, er ist nicht wirklich willensschwach, sondern spielt mit viel Energie *Ich kann nicht!*, er ist nicht wirklich dumm, sondern spielt gewitzt den Dummen. Er macht dies, indem er sein Unbewußtes für sich spielen läßt. Zwar zahlt er dafür seinen Preis, doch man sollte davon ausgehen, daß ihm der Gewinn diesen Preis wert ist.

Wenn man dem Opferspieler die Verantwortung für sein Spiel überläßt, funktioniert es nicht mehr richtig. Denn es beruht ja auf der Spielregel, daß die anderen oder das Schicksal für sein Unglück verantwortlich sind. Läßt man sich darauf nicht ein, wird sich zwar der Opferspieler empören, doch er kann nicht mehr so weiterspielen wie bisher. Dem **Sachtyp** tut es in solchen Situationen gut, wenn der potentielle Mitspieler sich darauf besinnt, was er selbst will und was seine Verantwortung ist: nämlich nicht mitzuspielen. Dann kann er auch gelassen mit den Anschuldigungen des zornigen Opferspielers zurechtkommen.

Der **Handlungstyp** kommt mit Opferspielern am besten zurecht, wenn er das Tragikomische ihres Verhaltens im Auge behält, wenn er ihren Spielen mit freundschaftlichem Bedauern und warmem Humor begegnet: »Komm, spiel nicht das beleidigte Kind!« Gelingt es ihm, den Opferspieler zumindest innerlich zum Schmunzeln zu bringen, so kann der aus seinem Opferspiel aussteigen, auch wenn er, um sein Gesicht zu wahren, zum Schein noch ein bißchen weiterspielt. Vermutlich ist der trockene Humor des **Sachtyps** selbst ein Gegenmittel gegen Opferspiele. Für den **Handlungstyp** als potentiellen Mitspieler ist es wichtig, sich sein heimliches Vergnügen an den komischen Seiten der Opferspiele zu gönnen. Solange er darüber lachen kann, wird er nicht den Verfolger spielen.

Eine wirksame und vorbeugende Medizin gegenüber der Neigung des **Sachtyps** zu Opferspielen ist **Anerkennung** – Anerkennung für Leistungen, die mit seinen Schlüsselfähigkeiten Wollen und Handeln zusammenhängen. Es kann Anerkennung sein dafür, daß er erfolgreich, tüchtig und verläßlich ist, daß er tatkräftig eine Aufgabe anpackt und durchführt, daß er sich fürsorglich, rücksichtsvoll und verantwortlich verhält, daß er weiß, was er will, und sich für die Verwirklichung seiner Wünsche kraftvoll und energisch einsetzt, daß er gut organisieren und, wenn erforderlich, improvisieren kann, daß er fleißig, sorgfältig und gewissenhaft arbeitet.

Nun macht der **Sachtyp** sich selbst und anderen die Anerkennung nicht immer leicht. In seiner sachlichen, objektiven Welt scheint Anerkennung kein Thema zu sein. Und er selbst vergißt auch immer wieder, sich daran zu erinnern, wie gut er ist. Dies führt zu der erstaunlichen Erfahrung, daß selbst sehr tüchtige und erfolgreiche **Sachtypen** nicht frei sind von elementaren Selbstzweifeln. Dazu kommen seine Spielneigungen, die gerade in dem für ihn so sensiblen Bereich **Handeln** zu Ausfällen führen.

Für den **Sachtyp** kommt es in erster Linie darauf an, sein eigenes Eltern-Ich auf positive Weise zu gebrauchen. Das bedeutet für ihn: selbst zu wollen, selbst Verantwortung zu übernehmen, selbst Entscheidungen zu treffen, sich selbst zu schützen, sich selbst Erlaubnisse zu geben, mit sich selbst fürsorglich und anerkennend umzugehen und zu den eigenen Schwierigkeiten zu stehen. Ebenso gut tut es ihm, wenn er sich für andere verantwortlich fühlen, sich für sie einsetzen, sich ihnen gegenüber anerkennend und fürsorglich verhalten kann.

Im Umgang mit **Sachtypen** im allgemeinen und potentiellen Opferspielern im besonderen ist es angebracht, diese Eltern-Ich-Fähigkeiten anzusprechen, zu ermutigen und zu fördern. Zwar werden die tatsächlich bestehenden Verantwortungsbereiche dem Grenzen setzen, doch es kommt ohnehin mehr auf die innere Haltung an, die Haltung des *Ich* *will . . .*, auf das Gefühl *Ich übernehme die Verantwortung für . . .*, auf das Wissen *Ich bin kompetent und zuständig für . . .*

Diese kraftvolle Haltung schließt weitgehend Opfer- und Zuwendungsspiele aus. Sie kann unterstützt werden durch ein informierendes Beratungs- und Förderungsgespräch, in dem positive Ansätze herausgestellt und emotional bestärkt werden. Bei der Gesprächsführung sollte man selbst die Eltern-Ich-Position vermeiden, also nicht von oben herab loben und gute Ratschläge geben. Günstiger ist es, aus der Erwachsenen-Ich-Haltung heraus zu informieren: »Mir ist aufgefallen . . .«, »Ich habe gesehen . . .«, »Ich spüre . . .« und diese Aussagen vom Kind-Ich her zu unterstreichen: »Ich freue mich sehr . . .«, »Es tut mir gut . . .«, »Ich fühle mich gut . . .«

Indem man selbst auf die Elternrolle verzichtet, lädt man den Gesprächspartner ein, ins Eltern-Ich, also dorthin, wo man ihn haben will, überzuwechseln. Beobachtet man, daß der Gesprächspartner diese kraftvolle, zuversichtliche und handlungsorientierte Haltung eingenommen hat, kann man sich mit ihm auf der Ebene Eltern-Ich zu Eltern-Ich solidarisieren: »Ich bin überzeugt, Sie werden das schaffen!«

Im Umgang mit **Sachtypen** geht es also darum, ihren Entwicklungsbereich, das Eltern-Ich, zu aktivieren und zu bestärken. In der Gesprächsführung sorgt dieses Vorgehen für eine erfolgreiche Problemlösung, bei Motivationsmaßnahmen für hochwertige Anerkennung. Wenn der **Sachtyp** die aktive und kraftvolle *Ich will*-Haltung einnimmt, fühlt er sich selbst wohl und spürt, daß ihm das guttut. Aus dieser Haltung heraus wird es ihm leichter fallen, seine Ziele zu erreichen, er wird erfolgreicher sein und mehr Anerkennung erhalten.

Der zweite Schritt ist die Stabilisierung des Persönlichkeitsbereiches. Der **Sachtyp** verfügt zwar über ein gut entwickeltes Erwachsenen-Ich und macht deshalb einen ruhigen, vernünftigen und überlegten Eindruck, doch sein Erwachsenen-Ich ist störbar. Dies hängt mit der Entstehungsgeschichte seiner Persönlichkeit zusammen, ursprünglich mit einer Reaktion auf die Verbote *Sei nicht du selbst!* und *Denke nicht!*. Der gemeinsame Nenner dieser Verbote ist: *Unterscheide (dich) nicht! Bleibe eins mit mir!*

In Belastungssituationen, wenn viel für ihn auf dem Spiel steht, können diese alten Verbote wieder wirksam werden. Und plötzlich sind seine sonstige Klugheit und sein Selbstbewußtsein wie weggewischt. Seine Wahrnehmung ist eingeschränkt, sein Denken ist wie gelähmt, seine Übersicht geht verloren. Statt dessen ist er erfüllt von Ängsten und fieberhafter Unruhe. Er fühlt sich bedroht und würde sich am liebsten zurückziehen an einen geschützten, sicheren Ort.

Um solchen Einbrüchen seines Selbstbewußtseins vorzubeugen, muß der **Sachtyp** lernen, sich als unabhängiges und autonomes Wesen zu erleben. Es tut ihm gut, sich immer wieder dafür zu entscheiden, ein kraftvolles Leben zu führen und gut für sich und dann auch die anderen zu sorgen. Dazu muß er immer wieder seine eher kontemplative und aufnehmende Haltung aufgeben und eine aktive, zielbewußte, »gebende« Haltung einnehmen, mit der er die zu lösenden Aufgaben anpackt, auf andere zugeht und die Auseinandersetzungen mit anderen sucht.

22. Die Spiele des Handlungstyps

Frau H ist Pflegedienstleiterin in einem Krankenhaus. Sie hat die Aufgabe übernommen, Freizeitaktivitäten für ihre Kolleginnen und Kollegen zu organisieren, z.B. Ausflüge, Kegelabende und Mineralbadbesuche. Sie bereitet dies in jedem Fall sorgfältig vor, so daß die Veranstaltungen zu einem Erfolg werden. Sie hat eine burschikose Art, gibt sich betont frisch und fröhlich. Besinnliche Gespräche allerdings liegen ihr wenig, sie hat feste Ansichten, von ihrer Meinung abweichende Gedanken werden autoritär verworfen. Diese Atmosphäre führt zunächst bei einer Kollegin, Frau B, die sich für die Gleichberechtigung der Frauen, für Bürgerinitiativen u.ä. engagiert, zu einer Verstimmung und zu einem heftigen Wortwechsel mit Frau H. Doch die Mehrzahl ist zunächst froh, daß jemand die Organisation in die Hand genommen hat.

Frau B ist Stationsleiterin und auf gute Zusammenarbeit mit Frau H angewiesen. In der Folgezeit begegnet ihr Frau H eher noch autoritärer als früher, was die kritische Einstellung von Frau B verstärkt. Auf der Station kommt es zu einer Solidarisierung gegen die Pflegedienstleitung. Der Heimleiter Herr S versucht zu vermitteln, ist zwar auch nicht mit dem Führungsstil von Frau H einverstanden, schätzt jedoch ihr hohes Verantwortungsbewußtsein, ihr Engagement und ihre Zuverlässigkeit.

Da es mehrere Stationen in diesem Krankenhaus gibt, kümmern sich die anderen Teilnehmer wenig um diese Kontroverse. Manche finden auch Frau B zu kritisch eingestellt. Zunehmend unangenehm werden ihnen allerdings der Kommandoton von Frau H und ihre bestimmende Art, die Kollegen zur Teilnahme an den gemeinsamen Veranstaltungen zu drängen. Sie geht sogar so weit, in der Dienstplangestaltung die Teilnahmemöglichkeit mit zu berücksichtigen, so daß die betreffenden Kolleginnen und Kollegen sich nur schwer einer Teilnahme entziehen können. Schließlich beschließen sie, die gemeinsamen Freizeitaktivitäten zunächst einmal für eine unbestimmte Zeit auszusetzen.

Die Verfolger- und Identitätsspiele des **Handlungstyps** haben folgende gemeinsame Merkmale: Sie gehen aus von einem scheinbar wohlwollenden und fürsorglichen Eltern-Ich – dem Persönlichkeitsbereich des **Handlungs-**

typs. Er verspricht, die Dinge in die Hand zu nehmen und in Ordnung zu bringen. Dabei läßt er sich von konventionellen Auffassungen und Zielvorstellungen leiten. Sein Auftreten ist kraftvoll und bestimmt. Er holt sich Zuwendung aus dem Kind-Ich, also Zuneigung, Bewunderung, Dankbarkeit, Freude, Gehorsam, Anhänglichkeit und Lebendigkeit. Das eigene Kind-Ich wird dabei übergangen. Der Verfolgerspieler lebt von den Gefühlen der anderen. Diese Phase wird möglichst lange ausgedehnt. Sein Bedürfnis nach Kind-Ich-Zuwendung resultiert aus einem Defizit im eigenen Entwicklungsbereich Beziehungs- oder Kind-Ich.

Der Wechsel in ein einschränkendes und sich mit seiner Rolle identifizierendes Erkenntnis- oder Erwachsenen-Ich ist das Spielziel: »Im Gegensatz zu anderen bin ich eine ordentliche Hausfrau / ein gewissenhafter Beamter / eine gute Krankenschwester . . .« Diese bewertende Identifikation mit Rollen, Normen und Regeln gibt dem **Handlungstyp** Sicherheit. Zugleich wertet er damit bei anderen Eigenschaften wie Genußfähigkeit, spontanes und menschliches Verhalten ab. Dieses Lebendige verunsichert ihn. Von **Handlungstypen** hört man häufig, daß sie Konflikte sachlich klären wollen. Dabei setzen sich die abgewehrten Ärgergefühle häufig indirekt, aber durchaus spürbar durch. So werden Ablehnungen mit scheinrationalen Argumenten vertreten, selbstgerecht und abfällig gegenüber anderen Meinungen. Die Überidentifikation mit einer Rolle entspringt einem übersteigerten Ordnungs- und Sicherheitsbedürfnis. Der **Handlungstyp** folgt dabei seinem Antrieb: *Sei perfekt!*

Die Spiele des **Handlungstyps** wurden lange übersehen. Was bisher als Verfolgerspiele beschrieben wurden sind meist dramatische und abwertende Machtspiele des **Beziehungstyps.** Das auffälligste an den Verfolger- und Identitätsspielen ist ihre Unauffälligkeit. Sie enden nicht in einem überlegen triumphierenden Eltern-Ich, sondern einem »Sachzwängen« gehorchenden Erkenntnis- oder Erwachsenen-Ich. Sie bedienen sich eines konventionellen Rollenverhaltens, kleiden sich in gesellschaftlich anerkannte Klischees, geben sich einen bescheidenen, biederen Anstrich und machen aus dem Spiel eine Tugend: *Von mir als einem . . . wird erwartet, daß . . .*

Verfolger wird hier also verstanden als die Position des Selbstgerechten, der mit zusammengebissenen Zähnen resignativ über einschränkende und verbietende Maßnahmen nachdenkt. Bezieht sich die Bezeichnung Verfolgerspiele auf den inhaltlichen Aspekt des Erwachsenen- oder Erkenntnis-Ichs, also ein »verfolgendes« oder zwanghaftes Verhalten und Denken, so bezeichnet der Begriff Identitätsspiele seinen existentiellen Aspekt, die Ich-Identität. In den Verfolgerspielen wird eine Pseudoidentität hergestellt durch die Identifikation mit einer Rolle.

Doch das wirkliche Ich oder Selbst ist transzendental, es ist das Licht des

Bewußtseins, es ist das Ganze und nicht ein Teilaspekt, der sich abgrenzen und beschreiben ließe mit *Ich bin ein* . . . Welche Schäden wir unserem Erkenntnis-Ich durch Identitätsspiele zufügen, wurde bisher kaum erforscht. Vermutlich verliert unser Denken dadurch seine Freiheit und Beweglichkeit, seine schöpferischen Fähigkeiten, seine Tiefe, seine Erfindungskraft und Problemlösungsfähigkeit. Es wird banal, zwanghaft, festhaltend, unbeweglich, oberflächlich, nachahmend und regelhaft.

BERNE, vermutlich selbst ein **Handlungstyp,** litt Spielen dieser Art gegenüber unter einer gewissen Betriebsblindheit. Er verharmloste sie und beschrieb sie als »gute Spiele«. Sich zu überarbeiten und aus anerzogenem Pflichtbewußtsein die Bedürfnisse des eigenen Beziehungs- oder Kind-Ichs konsequent zu mißachten galt als Tugend und gehörte zum Bild des guten Arztes und Psychotherapeuten. Erst die zweite Generation der Transaktionsanalytiker hat das Kind-Ich in den Mittelpunkt ihrer Aufmerksamkeit gestellt.

Dieser auffallendste Ich-Zustand, das Kind-Ich mit seinem Lachen und Weinen, seiner oft lärmenden Fröhlichkeit und Ausgelassenheit, seiner narzißtischen Selbstspiegelung in der Aufmerksamkeit anderer, seiner Eigenwilligkeit und sprühenden Phantasie, seinem Bewegungsdrang und spontanen Ausdruck von Bedürfnissen und Gefühlen – dieser Ich-Zustand wird in den Verfolger- und Identitätsspielen übergangen, wird nicht ausgelebt. Dadurch wirken diese Spiele ernsthaft, gediegen, zurückhaltend.

Auch der spieltypische Ich-Zustands-Wechsel von einem scheinbar fürsorglichen und verantwortungsbewußten Eltern-Ich in ein »Sachzwängen« gehorchendes Erwachsenen-Ich wirkt seriös und weit weniger auffällig als der Wechsel vom verführerischen Kind-Ich ins abwertende Eltern-Ich (**Beziehungstyp**) oder der Wechsel vom wichtigtuerischen Erwachsenen-Ich ins klägliche Kind-Ich (**Sachtyp**). Dabei kann sich der Verfolger- und Identitätsspieler auf alte Erziehungsgrundsätze berufen wie: »Wer sein Kind liebhat, züchtigt es!«

Überhaupt lassen sich hinter ethischen Grundsätzen Verfolger- und Identitätsspiele gut verstecken, etwa hinter Verantwortlichkeit, Pflichterfüllung, Selbstlosigkeit, Tüchtigkeit, Fleiß, Prinzipien- und Gesetzestreue, Ordnungsliebe, Moral, Gehorsam, Sauberkeit, Vaterlandsliebe und dem rechten Glauben. Dazu kommt, daß solche Grundsätze zumal von alten, »ehrwürdigen« Institutionen repräsentiert werden, deren Funktionäre Inhaber realer Macht und folglich prädestinierte Verfolger- und Identitätsspieler sind. So rät auch die Lebensklugheit, derlei Spiele besser zu übersehen und sich mit den Spielern nicht anzulegen.

Schließlich ist die Identifikation mit einer Rolle ein subtiler Vorgang. Ob es sich dabei um ein realitätsangemessenes und flexibles Verhalten oder um eine starre Überidentifikation handelt, ist für den Betrachter von außen schwer abzuschätzen. Überdies ist, wie schon erwähnt, der Einfluß einer Überidentifikation – bei der das *Ich bin* . . . an die Stelle des wirklichen Ichs oder Selbst tritt – auf eine gesunde Ich-Entwicklung kaum bekannt.

Die Unauffälligkeit der Identitätsspiele darf nicht über ihre möglichen negativen Auswirkungen hinwegtäuschen. Da sie das Kind-Ich mißachten, wenden sie sich gegen das Lebendige und Menschliche, gegen Spontaneität und Kreativität, gegen echte Gefühle und Beziehungen, gegen Gesundheit und Lebensfreude. Identitätsspiele geben vor, sich um die Lösung praktischer Probleme zu kümmern. Doch statt die möglichen Entscheidungs- und Handlungsalternativen zu untersuchen und zu erproben, ob sie der Situation und den menschlichen Bedürfnissen gerecht werden, wird nach Regeln und Normen entschieden.

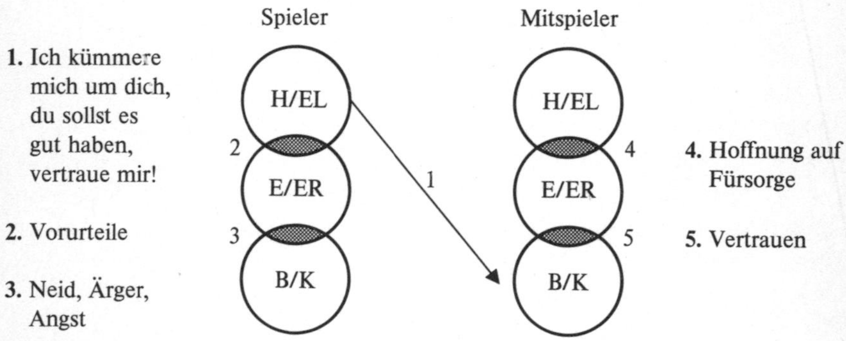

Spielanfang des Spiels *Pflichterfüllung*

Verfolger- und Identitätsspiele werden konsequent und beharrlich, mit Nachdruck und Ausdauer gespielt. Was dabei entsteht, ist eine verkehrte Welt, in der sich die Menschen nach den Institutionen richten müssen und nicht die Institutionen nach den Menschen. Schwerfälligkeit und Bürokratismus, Realitätsferne und Unmenschlichkeit sind die Folgen. Geleitet von ihrem unbewußten Spielziel, beachten diese so tüchtig erscheinenden »Macher« viel zuwenig die Eigengesetzlichkeit des Bereichs **Handeln.** Statt dessen folgen sie »identitätsphilosophischen« Zielsetzungen und verhalten sich reaktionär und dogmatisch.

Das Spielmuster des **Handlungstyps** sieht so aus: Ausgehend von seinem gut entwickelten Eltern-Ich, bietet er den möglichen Mitspielern seine Fürsorge an. Wie ein Politiker vor der Wahl verspricht er: »Ich kümmere mich um dich, ich bringe für dich die Dinge in Ordnung! Du sollst es gut haben. Vertraue mir!« Da der **Handlungstyp** über eine natürliche Autorität

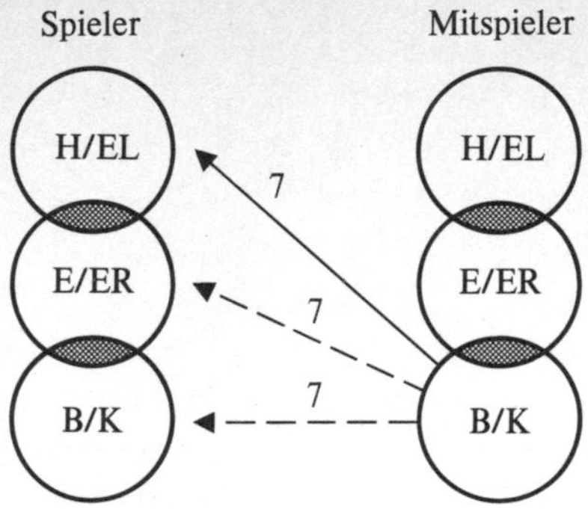

7. Spieler erhält Zuwendung aus dem Kind-Ich der/des Mitspieler(s) wie Zuneigung, Vertrauen, Bewunderung

Spielmitte des Spiels *Pflichterfüllung*

verfügt und von sich selbst überzeugt ist – *Ich bin o.k., die anderen sind nicht o.k.!* –, wirken seine Versprechungen seriös und überzeugend.

Nun erhält er Kind-Ich-Zuwendung von seinen Mitspielern. Sie schenken ihm ihre Zuneigung, bewundern ihn und vertrauen ihm. Durch sein großzügiges Auftreten hat er bei ihnen die Schleusen der Kind-Ich-Wünsche geöffnet. Beides macht ihm angst, die lebendige Kind-Ich-Zuwendung ebenso wie das Haben-Wollen. Denn beides verbietet er sich selbst. Er hat als Kind unter Schmerzen gelernt, seine eigenen Kind-Ich-Bedürfnisse zu unterdrücken, zu mißachten und zu verleugnen, wie könnte oder wollte er jetzt die von anderen erfüllen?

Deshalb wechselt er jetzt in sein Erwachsenen-Ich und begegnet dem Kind-Ich der anderen mit einer einschränkenden Vernünftigkeit: »Leider sieht die Realität so aus, daß deine Wünsche nicht zu erfüllen sind. Die Situation erfordert statt dessen, daß . . .« Nun verhält er sich wie Politiker *nach* der Wahl: Jetzt müssen Opfer gebracht werden, muß Verzicht ge-

8. Es geht leider nicht. Schließlich bin ich . . .

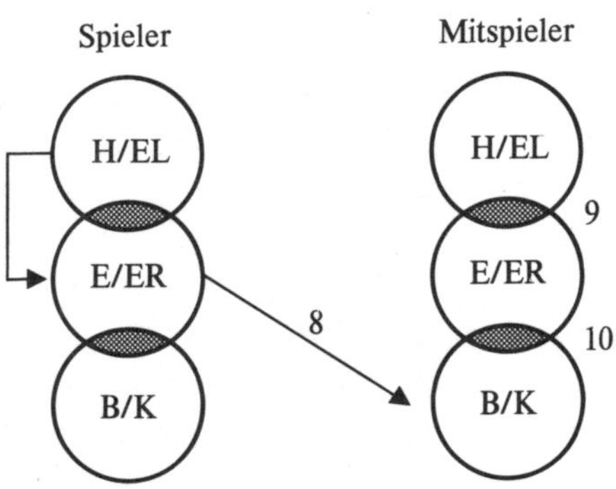

9. Enttäuschung

10. Angst, Ärger, Trauer

Spielende des Spiels *Pflichterfüllung*

leistet werden. Das gibt ihm das Gefühl, daß jetzt »die Welt wieder in Ordnung ist«, er fühlt sich sicher und in seiner Identität bestätigt.

Das Identitätsspiel *Er verhält sich wie ein richtiger Mann* wird in vielen Western variiert, in denen der Held nur »seine Pflicht erfüllt«. Ein Beispiel ist »12 Uhr mittags«.

1. *Es beginnt damit, daß Ruhe und Ordnung herrscht. Doch da der Sheriff jemand ist, der Ruhe und Ordnung »herstellen muß«, dürfte er auf die Dauer wenig Freude an diesem friedlichen Zustand haben. Es ist zu vermuten, daß er Zweifel an seiner Identität bekommt: »Das ist kein Leben für einen richtigen Mann.«*
2. *Ein Verbrechen geschieht oder wird vorbereitet. Es gibt Arbeit für den Helden.*
3. *Die Ursachen des Verbrechens werden nicht analysiert. Es gibt ein Verbrechen und einen Verbrecher. Die Lösung des Problems liegt darin, den Verbrecher seiner gerechten Strafe zuzuführen.*
4. *Der Held trauert nicht über die Opfer des Verbrechens. Er handelt.*
5. *Persönliche Angelegenheiten des Helden müssen zurückstehen, er darf sich nicht durch gefühlsmäßige Bindungen an seiner Aufgabe hindern lassen. Das Beziehungsthema wird häufig negativ vorgeführt: der Verbrecher vergnügt sich mit unanständigen Frauen oder belästigt oder vergeht sich an anständigen.*
6. *Bei der Verfolgung des Verbrechers setzt der Held sein eigenes Leben aufs Spiel und zeigt Härte gegenüber Kind-Ich-Bedürfnissen.*
7. *Da er sein Handwerk versteht, gelingt es ihm, den Verbrecher seiner gerechten Strafe zuzuführen. Dabei beachtet er das Gesetz und wendet sich gegen Lynchjustiz.*
8. *Ruhe und Ordnung sind wiederhergestellt. Der Held geht wieder einem normalen Leben nach. Die Zweifel an seiner Identität sind vorübergehend beschwichtigt.*

Das Spiel *Pflichterfüllung* geht zurück auf eine verbietende Erziehung etwa im zweiten und dritten Lebensjahr. Elterliche Verbote wie *Spüre nicht . . .* und *Tu nicht, was du willst!* sowie *Fühle nicht!* behindern seine Spontaneität, sein Wollen und Tun. Auf der einen Seite ist die Verbindung zu seinen Bedürfnissen abgeschnitten. Er weiß nicht so recht, was er eigentlich will. Auf der anderen Seite hat er früh gelernt, brav zu sein. Aus dem braven Jungen wird später ein ordentlicher Mensch.

Beides, die Unklarheit der eigenen Wünsche und das Bedürfnis, ordentlich, perfekt zu sein, läßt den **Handlungstyp** Rollen, Verhaltensmuster, Denkweisen und Regeln für sich übernehmen, wie sie von Institutionen vorgegeben werden. Nun weiß er zumindest, was er tun soll und wie er sich »richtig« verhält. Das gibt ihm Sicherheit. Und für dieses institutionskonforme Verhalten wird er in der Regel belohnt: er gilt als verläßlich und tüchtig.

Wird er mit Emotionen, Bedürfnissen, spontanen Entscheidungen konfrontiert oder gerät er in eine Situation, in der solches von ihm erwartet wird, reagiert er ärgerlich und abwehrend. Es erscheint ihm »ungehörig« oder »unordentlich«, er vermutet »Chaos« und »Niedergang«. Er ist »von Natur aus« konservativ, verteidigt das Hergebrachte, Bestehende und ist zugleich fest davon überzeugt, daß er recht hat und die anderen unrecht.

23. Umgang mit Verfolger- und Identitätsspielen

Will man im Umgang mit **Handlungstypen** Verfolgerspielen vorbeugen, so gelingt dies am besten durch ein **freundschaftliches, menschliches Verhalten** ihnen gegenüber. Gegenseitige Sympathie und Zuneigung schließen Verfolgerspiele weitgehend aus. Doch dies wird einen zu Spielen neigenden **Handlungstyp** nicht davor schützen, anderen gegenüber Verfolger- und Identitätsspiele zu inszenieren. Deshalb sind für ihn grundlegende Einsichten in die Ursachen und Folgen seiner Spiele notwendig: sie können ihn dazu bringen, daß er sich bewußt von seinen Spielen abkehrt und alternative Verhaltensweisen realisiert. Solche Neuentscheidungen lassen sich vergleichen mit den fast revolutionären Umbrüchen und Wandlungen in unserer Gesellschaft: In früheren Generationen wurden die Spielneigungen des **Handlungstyps** von der Gesellschaft, von Staat und Kirche, der elterlichen und schulischen Erziehung, dem Militärwesen und der Berufswelt unterstützt. Befehlen und gehorchen, sich ein- und unterordnen, Bescheidenheit und Pflichterfüllung, Prinzipientreue und Sparsamkeit, Ordnungsliebe und Untertänigkeit, der gute Ruf, die Hingabe an einen höheren Zweck, all dies gehörte zu den herrschenden Tugenden. Der pflichtbewußte Beamte, der treue Untertan, der strenge Vorgesetzte und der gehorsame Arbeitnehmer waren gefordert.

Unsere heutige Zeit kommt der Persönlichkeitsentwicklung des **Handlungstyps** entgegen. Sie bestärkt ihn darin, seine Gefühle und Bedürfnisse nicht zu übergehen. Dies begann in unserem Jahrhundert mit dem Expressionismus in Kunst und Literatur, mit FREUDs Psychoanalyse, der Reformpädagogik in der Erziehung, der Pädagogik »vom Kinde aus« und in der Jugendbewegung mit ihrer Hinwendung zur Natur und zum Natürlichen, später mit Jazz und Rockmusik und am nachhaltigsten mit der Humanistischen Psychologie. Man entschloß sich, den natürlichen Regungen, den Bedürfnissen und Gefühlen zu vertrauen.

In den sechziger und siebziger Jahren verbanden sich besonders in Kalifornien die Gedanken der Reformpädagogik und der Psychoanalyse mit Einflüssen der östlichen Religionen und deren optimistischem Bild vom Menschen und mit dem Lebensgefühl der Rock-Generation zur Humanistischen Psychologie. Ihnen gemeinsam ist eine erlaubende Haltung, die Fokussierung auf das Erleben und das Gefühl (ROGERS), die Weisheit des Körpers (PERLS) und die Spontaneität des Kind-Ichs (BERNE und seine Mitarbeiter). Und genau dies ist es, was dem **Handlungstyp** besonders guttut und die Alternative zu den Verfolger- und Identitätsspielen ist. Erleben und Mitfühlen, Spiel und Spaß, Zuneigung und Freundschaft sind für ihn »besonders empfehlenswert«.

Wenn der **Handlungstyp** sein eigenes Kind-Ich entwickelt, braucht er nicht das der anderen zu manipulieren, auszubeuten und zu unterdrücken. Er kann sich mit den anderen freuen und sich spontan und kreativ verhalten. Dann wird er das Lebendige beschützen und fördern, wird zum Anwalt des Kindes und des Natürlichen und wird jede Gelegenheit nützen, um mit anderen zusammen Spaß zu haben und zu lachen, kräftig und herzhaft, wie es seiner Art entspricht.

Nun erst wird seine Tüchtigkeit wirklich menschlich. Als Architekt baut er Häuser und Wohnungen, in denen die Menschen sich wohl fühlen. Als Arzt behandelt er den Menschen und nicht nur die Krankheit. Als Lehrer bemüht er sich, einen lebendigen, kind- und jugendgemäßen Unterricht zu halten und nicht nur Stoff zu vermitteln. Als Führungskraft legt er besonderen Wert auf ein gutes Arbeitsklima in seiner Gruppe oder Abteilung.

Ein entschlossenes und liebevolles Eltern-Ich und ein freudiges und vertrauensvolles Kind-Ich sind gute Voraussetzungen für eine weiterführende Ich-Entwicklung (Erwachsenen-Ich). An die Stelle der Überidentifikation mit Rollen, die immer eine Grenzziehung innerhalb des Selbst bedeutet in ein *Das bin ich!* und *Das bin ich nicht!*, tritt jetzt die Entidentifikation.

In den Traditionen der weiterführenden Ich-Entwicklung (Mystik, Yoga, Zen) werden zwei Wege beschritten, die am Ende zum gleichen Ziel führen: Der eine verneint die bisherigen Identifikationen und löst sie auf. Die klassische Formel dieser Nicht-Ich-Lehre, oder besser: des Nicht-Ich-Weges (denn es ist keine weltanschauliche Aussage, sondern eine kontemplative Übung, keine »Feststellung«, sondern ein »Gehen«, ein Loslassen), lautet: »Das gehört mir nicht! Das bin ich nicht! Das ist nicht mein Ich!«

Der andere Weg besteht darin, sich grenzüberschreitend mit dem bisherigen Nicht-Ich zu identifizieren. Es ist der Weg der grenzenlosen Bejahung: »Tat twam asi – das bist du!« – »Wer das höchste Wesen in allen vergänglichen Dingen sieht, ist wirklich sehend.« (Bhagavadgita, 13. Kapitel) Dazu gibt es eine hübsche Zen-Geschichte: Ein Zen-Schüler ging zu einem Metzger, um Fleisch zu kaufen. Er sagte: »Geben Sie mir Fleisch, aber nur vom guten!« Da warf der Metzger sein Messer hin und fuhr ihn an: »Bei mir gibt es nur gutes!« In diesem Augenblick durchzuckte den Schüler die Erkenntnis, und er wurde erleuchtet.

Die weiterführende Ich-Entwicklung wirft auch ein Licht auf die Alltagserfahrungen. Der **Handlungstyp** spürt, wie ihm beispielsweise Jogging, Sauna oder autogenes Training guttun, also vergleichsweise kontemplative oder meditative Tätigkeiten, die über eine Konzentration auf den Körper zu Sammlung und Entspannung führen, zu einer harmonischen und ausgeglichenen Gemütsverfassung. Man sprach früher vom Seelenfrieden: das ist eine durchaus treffende Bezeichnung für diesen heiteren, gelassenen und wachen Gemütszustand, in dem das Ich oder Selbst ahnungsweise spürbar wird.

Seminare zur Persönlichkeitsdiagnostik

Es gibt Menschen, bei denen die Persönlichkeitsstruktur leicht zu erkennen ist, etwa der weibliche **Beziehungstyp:** schlank, attraktiv mit gewinnendem Lächeln, sich gerne in den Mittelpunkt stellend, lebhaft, aufrecht und kontrolliert in Haltung, Gang und Bewegungen, die Stimme hell und melodisch, der Ton liebenswürdig –, oder der männliche **Sachtyp:** ruhig in seinen Bewegungen und seinem Sprechen, mit tiefer Stimme, weichem, ernstem Gesichtsausdruck, entspannt, fast nachlässig in Haltung, Gang- und Bewegungsweise, zurückhaltend und gutmütig wirkend –, oder der männliche **Handlungstyp:** kräftig und geradlinig in seinem Auftreten, kameradschaftlich, sich mit seiner Rolle identifizierend, persönlich eher bescheiden wirkend, sein Aussehen männlich markant, seine Bewegungen und Gang bestimmt, die Stimme und Sprechweise nachdrücklich.

Doch die Mehrzahl der Menschen sind nicht so leicht zu diagnostizieren: der männliche **Beziehungstyp**, der weibliche **Sach-** und **Handlungstyp,** Menschen aus anderen Generationen oder solche, die in einer uns fremden Umgebung aufgewachsen sind. Hier wird der Persönlichkeitstyp überlagert durch erlerntes Rollenverhalten. Das sind deshalb keine Mischtypen – ich glaube nicht, daß es sie gibt –, doch ihre Persönlichkeitsstruktur ist einfach schwerer zu erkennen. Hier erfordert die Persönlichkeitsdiagnostik Erfahrung und Umgang im genauen Hinsehen und Hinhören, wobei etwa die persönlichkeitsspezifische Sprache und das jeweilige Wertesystem aussagekräftige Merkmale werden.

Es gibt grundsätzlich zwei Arten von Diagnostikseminaren, die sich jedoch in ihrer praktischen Durchführung überschneiden. Im einen steht das Erlernen der Persönlichkeitsdiagnostik im Vordergrund (dies erfordert eine längere Ausbildung), im anderen die Anwendung der diagnostischen Erkenntnisse. In diesem Buch begnügen wir uns mit der Selbsterkenntnis und dem Erkennen der »sicheren« Typen. Die Entwicklung der eigenen Persönlichkeit und der wissende Umgang mit der Andersartigkeit des anderen sind die wesentlichste Voraussetzung für Qualität im psychologischen, pädagogischen, mitarbeiter- und kundenbezogenen oder im partnerschaftlichen Verhalten. Wie soll ich jemanden wirklich verstehen oder anerkennen können, wenn ich sein unbewußtes Wertesystem nicht kenne oder seine Sprache nicht verstehe? Ohne dieses Wissen schließen die meisten von sich auf andere, gehen aus von ihrem eigenen Wertesystem und sprechen immer nur die eigene Sprache. Dadurch denken, sprechen und handeln sie ständig am anderen vorbei. Das anhaltende Gefühl, nicht verstanden zu werden, kann schließlich in Resignation münden und zu Formulierungen führen wie: Die Hölle, das sind die anderen.

Sich selbst erkennen ermöglicht auch, einen Schritt zurückzutreten, um dann den anderen in seiner Andersartigkeit zu sehen. Dies ist außerordentlich interessant und macht immer wieder erneut Freude. Es ist eine wesentliche Voraussetzung für gegenseitige Wertschätzung und die Kultur des Miteinander-Umgehens. Und dort, wo man beruflich mit Menschen zu tun hat, ist diagnostisches Wissen Grundlage für kommunikative Kompetenz. Es ist immer wieder schmerzlich zu sehen, wie beruflich wünschenswertes professionelles Können im Umgang mit Menschen dort an seine Grenzen stößt, wo dieses diagnostische Wissen fehlt oder nicht beachtet wird.

Ich habe dieses Wissen bisher fast ausschließlich in internen Fortbildungen vermittelt, in firmeneigenen Führungskräfteseminaren, in der psychosozialen Aus- und Weiterbildung von Pflegekräften oder der Ausbildung von psychologischen Beratern und Psychotherapeuten. Künftig möchte ich auch offene Seminare anbieten, die jedem Interessierten zugänglich sind. Nähere Auskünfte erhalten sie unter dem Stichwort »Freiburger Diagnostikseminare«, Dr. Dietmar Friedmann, Moltkestraße 11, 7800 Freiburg.

Die Diagnostikscheibe

Um das Diagnostikmodell leichter verstehen und anwenden zu können, habe ich eine Diagnostikscheibe entwickelt (die Originalscheibe ist farbig). Stellt man den Persönlichkeitstyp ein, so kann man die Fähigkeiten seiner *Ausgangspersönlichkeit,* seines *Entwicklungsbereiches* und seines *Ziel-*

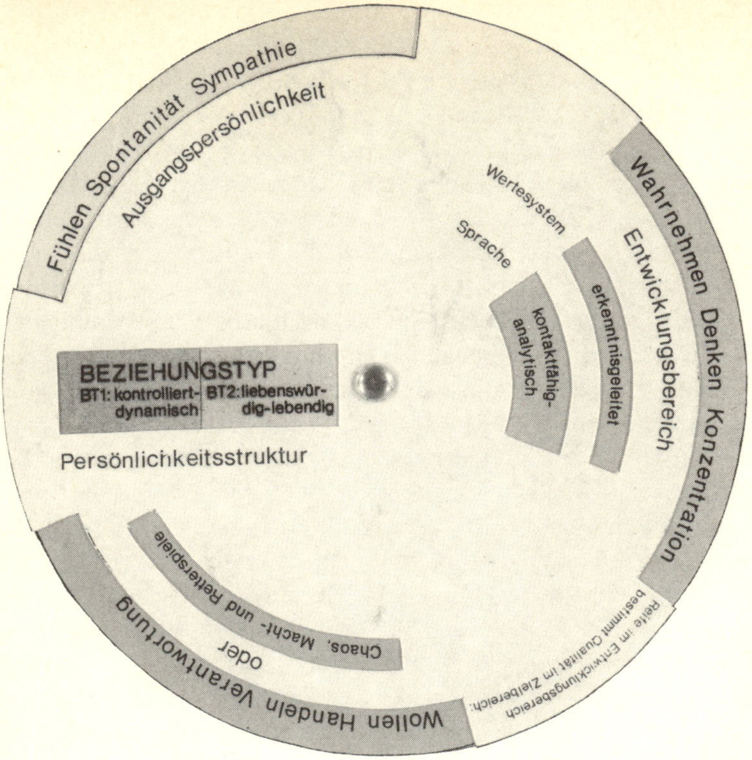

bereiches ablesen, ebenso sein *Wertesystem* und seine *Sprache.* Durch die Farben werden diese Zusammenhänge verdeutlicht. Auf der Rückseite befindet sich eine Elf-Punkte-Checkliste zur Persönlichkeitsdiagnostik.

Die Möglichkeit, Farben als Charakterisierung für die Strukturtypen zu gebrauchen, haben vor allem LÜSCHER und SCHIRM genützt. Bei der Diagnostikscheibe sind sie als nonverbale, zusätzliche Information gedacht. Auch dann, wenn man den Vergleich von Farben und Ich-Zuständen bzw. Persönlichkeitstypen nicht überstrapazieren möchte, legen doch die Aussagen von Farben bestimmte Zuordnungen nahe. Farben können menschliche Eigenschaften beschreiben. Spricht man umgekehrt über Farben in menschlichen Attributen, etwa eine Farbe sei bescheiden oder lebhaft, so müßten solche Bezeichnungen eigentlich in Anführungszeichen gesetzt werden.

Für die drei Ichs oder Lebensbereiche wählte ich die drei Grundfarben Gelb, Blau und Rot. Gelb steht für das Beziehungs-Ich und den Bereich

Beziehung. Gelb ist eine Farbe, die ausstrahlt, ihre eigenen Grenzen überschreitet und, je nachdem ob es sich um ein warmes oder kühles Gelb handelt, anzieht oder abstößt, verbindet oder trennt. Sie eignet sich dafür, das Fühlen und das Beziehungsverhalten zu symbolisieren.

Blau bietet sich für das Erkenntnis-Ich und den Bereich **Erkennen** an, die Fähigkeiten und Tätigkeiten der Sinne, des Denkens, der Konzentration und Entspannung. Blau ist eine ruhige, introvertierte, sich vertiefende Farbe. Sie paßt zur objektiven und gelassenen Haltung, die mit dem Erkennen einhergeht.

Rot wählte ich für das Handlungs-Ich und den Bereich **Handeln.** Es ist eine kraftvolle und energiegeladene Farbe. Sie paßt zu den energetischen Fähigkeiten, zum Wollen und Handeln.

Den Bezeichnungen **Beziehungstyp, Sachtyp** und **Handlungstyp** entsprechend hätte man für die Persönlichkeitstypen die gleichen Farben Gelb, Blau und Rot nehmen können. SCHIRM spricht in diesem Sinne von einem Rot-, Blau- und Grüntyp (er wählt Grün für den Gefühlsbereich). Doch die Persönlichkeit ist mehr als ihr Persönlichkeitsbereich, auch dann, wenn dieser die Persönlichkeit stark prägt. Ich habe für die Persönlichkeitstypen Farben gewählt, die mehr ihrer Gesamtausstrahlung gerecht werden und etwas von ihrem Wertesystem spürbar werden lassen.

Für den **Beziehungstyp** habe ich die Farben Dunkel- und Hellviolett gewählt, das dunkle Violett als eine geheimnisvolle, zurückhaltende Farbe für den **Beziehungstyp 1,** das helle Violett strahlender und extravertierter für den **Beziehungstyp 2.** Violett ist durch seinen Blauanteil zugleich eine geistige Farbe und paßt so zum erkenntnisgeleiteten Wertesystem des **Beziehungstyps.**

Das Braun, das für den **Sachtyp** steht, wirkt schlicht, ruhig und amorph. Es ist die Farbe der Erde, des Holzes oder des Leders. Der Rotanteil im Braun verweist als schlummernde Energie auf das erfolgsgeleitete Wertesystem.

Das Grün des **Handlungstyps** erleben wir in der Natur fast immer strukturiert. Es ist eine bescheidene, zurückhaltend kraftvolle Farbe. Ein dunkles, kühles Grün kann streng wirken, während ein helles, warmes Grün für das sympathiegeleitete Wertesystem des **Handlungstyps** stehen kann.

Die Diagnostikscheibe ist direkt beim Verlag zu bestellen und kostet 5 DM. Sie ist urheberrechtlich geschützt und darf nicht für kommerzielle Zwecke eingesetzt werden.
Ehrenwirth Verlag, Schwanthalerstraße 91, 8000 München 2

Literatur

ABRAHAM, Karl: Psychoanalytische Studien zur Charakterbildung und andere Schriften, Frankfurt/M. 1969.

BANDLER, Richard/GRINDER, John: Neue Wege der Kurzzeit-Therapie, Paderborn 1985.

BARNES, Graham, u.a.: Transaktionsanalyse seit Eric Berne. Band 1: Schulen der Transaktionsanalyse, Theorie und Praxis, Berlin 1979. Band 3: Du kannst Dich ändern, Berlin 1981.

BERNE, Eric: Spiele der Erwachsenen, Reinbek 1970.

ders.: Ego States in Psychotherapy, American Journal of Psychotherapy, II, 1957.

BROWN, Michael/WOOLLAMS, Stan/HUIGE, Kristyn: Abriß der Transaktionsanalyse, Heidelberg, 2. Aufl. 1984.

DUSAY, John: Egograms, New York 1977.

ERIKSON, Erik H.: Kindheit und Gesellschaft, Stuttgart, 9. Aufl. 1984.

FREUD, Sigmund: Gesammelte Werke, Band 10: Einige Charaktertypen aus der psychoanalytischen Arbeit, Frankfurt, 7. Aufl. 1981. Band 14: Über libidinöse Typen, Frankfurt, 6. Aufl. 1976.

FRIEDMANN, Dietmar: Die transzendentalen Bedingungen oder das dialektische Verhältnis von Emanzipation, Identität und Erkenntnis und seine Konsequenzen für eine Neukonzeption der Schule. Diss., Heidelberg 1976.

HAU, Theodor F.: Psychosomatische Medizin, München, 2. Aufl. 1986.

KAHLER, Taibi: The Miniscript, Transactional Analyses Journal 4, 1 (1974).

KARPMAN, Stephen: Fairy Tales and Script Drama Analysis, Transactional Analysis Bulletin 7, 26 (1968).

LÜSCHER, Max: Der 4-Farben-Mensch. Der Weg zum inneren Gleichgewicht, Düsseldorf 1988.

RIEMANN, Fritz: Grundformen helfender Partnerschaft, München, 5. Aufl. 1988.

ders.: Grundformen der Angst, München 1976.

ROGERS, Carl: Entwicklung der Persönlichkeit, Stuttgart, 7. Aufl. 1989.

ROGOLL, Rüdiger: Nimm dich, wie du bist. Eine Einführung in die Transaktionsanalyse, Freiburg, 20. Aufl. 1989.

SCHULTZ-HENCKE, Harald: Lehrbuch der analytischen Psychotherapie, Stuttgart, 5. Aufl. 1988.

SCHWIDDER, Werner: Neopsychoanalyse. In: Handbuch der Neurosenlehre und Psychotherapie, hrsg. von Harald SCHULTZ-HENCKE, Stuttgart 1959.

SCHLEGEL, Leonhard: Die Transaktionale Analyse, Tübingen, 3. Aufl. 1988.

SEIBT, Friedrich: Psychoanalytische Charakterlehre. Die Ansätze der Persönlichkeitstheorien. München 1977.

STEINER, Claude: Wie man Lebenspläne verändert, Paderborn 1982.

WARTENBERG, Rolf: Das Strukturmodell der Ich-Zustände, Diss., Oldenburg 1989.

Guter Rat für Gesundheit und Wohlbefinden

Die richtige Ernährung durch erfolgreiche Rezepte

Doris Birk / Edita Pospisil
Kochbuch für Diabetiker
Mit speziellen Rezepten zum Abnehmen.
170 ballaststoffreiche Rezepte.
144 Seiten. Pbck. DM 19,80.
ISBN 3-431-02956-6.

Bernd Dany
Selbstgemachtes aus Bienenprodukten
Vollwertkost, Sportnahrung, Naturkosmetik, Naturheilmittel.
2. Auflage. 180 Seiten mit Zeichnungen. Pbck. DM 19,80.
ISBN 3-431-02934-5.

Margaret Gee / Dr. Graeme Goldin
Kochen für ein langes Leben
Vegetarische Rezepte aus China nach den Richtlinien von Nathan Pritikin.
96 Seiten mit farb. Abbildungen.
Pbck. DM 22,–.
ISBN 3-431-03038-6.

Dr. Michael Kunze / Ingrid Kiefer
Kochbuch fürs Herz
Die 200 besten Rezepte zur cholesterinarmen Ernährung.
168 Seiten mit 16 Abbildungen.
Pbck. DM 24,–.
ISBN 3-431-03068-8.

Kathleen Mayes
Gesund mit weniger Salz
Salt Watcher's Guide.
116 Seiten. Pbck. DM 9,80.
ISBN 3-431-02929-9.

Dr. Werner Richter / Ingeborg Husemeyer
Die ideale Ernährung bei Übergewicht
Klinisch erprobt – ärztlich empfohlen.
160 Seiten mit vielen Tabellen.
Pbck. DM 22,–.
ISBN 3-431-03001-7.

Martha Rose Shulman
Die Knoblauch-Küche
170 köstliche vegetarische Rezepte.
2. Auflage. 208 Seiten mit vielen Zeichnungen. Pbck. DM 19,80.
ISBN 3-431-02844-6.

Martha Rose Shulman
Die Honig & Kräuter-Küche
170 köstliche vegetarische Rezepte.
208 Seiten mit vielen Zeichnungen. Pbck. DM 19,80.
ISBN 3-431-02845-4.

Dr. Franz Schuster
Essen à la Kneipp
Vollwert-köstliche „Fahrpläne" für Gesunde und Kranke.
134 Seiten mit zahlr. farbigen Abbildungen. Geb. DM 14,80.
ISBN 3-431-02984-1.

Dr. J. Schindler, Dr. J. Bräckle, B. Karch
Das Kochbuch für Allergiker
2. überarbeitete Auflage.
172 Seiten. Pbck. DM 22,–.
ISBN 3-431-02935-3.

Dr. J. Schindler, Dr. J. Bräckle, B. Karch
Kulinarisch heilen
Bei Magen- und Darmbeschwerden. 220 Rezepte.
164 Seiten. Pbck. DM 22,–.
ISBN 3-431-03000-9.

Dr. J. Schindler / Dr. J. Bräckle / B. Karch
Die gesunde Fischküche
Vorspeisen, Zwischengerichte, Suppen, Kaltschalen, Hauptgerichte, Saucen zum Fisch, Kalte Küche.
208 Seiten. Pbck. DM 26,–.
ISBN 3-431-03082-3.

Chris Stadtländer
Gesund durch Pflanzensäfte
Rezepte, Anwendung, Heilwirkung.
108 Seiten. Pbck. DM 12,80.
ISBN 3-431-02931-0.

Ingeborg Wipler
Gesund und schlank statt rund und krank
Vollwert-Reduktionskost nach Kneipp.
128 Seiten. Kart. DM 12,80.
ISBN 3-431-03012-2.

Wenn's himmlisch schmecken soll

Schwester Germana
Wenn Engel kochen
Himmlische Gerichte aus Italiens Küche.
45. Tsd. 240 Seiten. Pbck.
DM 20,–.
ISBN 3-431-02955-8.

Schwester Germanas
Einmach-Paradies
Marmeladen, Obst, Gemüse, Liköre.
256 Seiten. Pbck. DM 28,–.
ISBN 3-431-03049-1.

Preisänderungen vorbehalten.

Ehrenwirth Verlag München